Diana Boudourian

Cocina armenia

y de medio oriente

Diana Boudourian

Cocina armenia

y de medio oriente

EDITORIAL

ALBATROS

Hipólito Yrigoyen 3920 (1208) Capital Federal — República Argentina
Tel. 981-1161 / 982-5439 / 983-2332

Diseño de tapa: Jorge L. Deverill
Composición: CXA Láser
Fotos: Marcelo Setton
Asesora de Redacción: Prof. Susana C. Chiappetti
Foto de tapa: Anush-Abur (plato típico armenio)

I.S.B.N.

950-24-0540-4

*Dedicado a mi marido Jorge
y a mis hijos
Fernando,
Gabriela
y Alejandro.*

*Con el auspicio de su Eminencia
Obispo Kissag Mouradian,
Primado de la Iglesia Armenia
en la República Argentina.*

Agradezco a:
Petrona C. de Gandulfo
Adriana Sappracone
y al Abad General P. Jorge Balian

EQUIVALENCIAS DE TÉRMINOS
ENTRE PAÍSES DE HABLA HISPANA

* aderezar = aliñar - sazonar - condimentar
* ají = chile
* alcaucil - alcachofa
* azúcar impalpable = azúcar "glass" - azúcar de lustre
* banana = plátano - cambur
* clavo de olor = clavillos
* crema de leche = nata
* champiñones = hongos - setas
* chaucha = ejote - habichuela - judía o vaina verde
* damasco = albaricoque
* durazno = melocotón
* fruta abrillantada = fruta escarchada
* heladera = nevera - refrigerador
* jugo = zumo
* manteca = mantequilla
* masitas = bizcochos
* palo de amasar = rodillo
* papa = patata
* pimientos = chile - chili - pimiento morrón
* polvo de hornear = levadura química
* poroto = judía - frijol - caraota
* puerro = poro - cebolla larga - ajo poro
* rodaja = tajada - loncha
* zapallito = calabacín - calabacita
* zapallo = calabaza

TABLA DE ABREVIATURAS

c.c.	=	centímetros cúbicos
cda.	=	cucharada
cdita.	=	cucharadita
cm.	=	centímetro/s
g	=	gramo/s
kg	=	kilogramo/s
lt	=	litro/s
25'	=	25 minutos

PALABRAS DE LA AUTORA

Hace algún tiempo, la idea de llegar hasta la gente que siempre me alentó en la preparación de éste, mi primer emprendimiento bibliográfico era aún fantasiosa. No pensé que tantas conjunciones se aunaran para que COCINA ARMENIA Y DE MEDIO ORIENTE fuese hoy un logro consumado.

Una ilusión, casi excluyente, me incentivó a dedicarle largas jornadas de preparación a este libro: la idea de que esta refinada y exótica cocina sea el camino que me permita llegar a todas y cada una de las personas que sienten amor por la gastronomía, sin distinciones.

Es imposible concretar ninguna empresa humana, sin el apoyo de nuestros semejantes. Por eso a todos aquellos que colaboraron con esta idea les expreso mi más profundo agradecimiento.

Varios cursos de especialización, con destacados profesionales, en instituciones y asociaciones gastronómicas de nuestro medio, me han permitido a lanzar un muy buen nivel. Mi interés está puesto en tratar por todos los medios de recuperar los "sabores del tiempo olvidado"; ésos que alguna vez nos permitieran recordar a nuestras canosas "mezmairig" (abuela en armenio). Los mismos que, al contárselos a mis alumnas, motivaron ansiados reencuentros familiares, olvidados en la absurda vorágine cotidiana.

Sería injusto dejar de agradecer la confianza depositada en mí, por los Directivos de Editorial Albatros, con quienes espero encarar varios emprendimientos similares que —estoy segura— tendrán la misma cuota de misticismo que contiene todo lo que proviene del Oriente Medio, especialmente en lo atinente a las lejanas voces que descienden del bíblico Monte Ararat, cuna de mis antepasados.

PALABRAS DE LA AUTORA

PRÓLOGO

Conocí a Diana Kazelian de Boudourian en Expogourmandise '90, en su stand de especialidades armenias, y me sorprendió la delicadeza de sus dulces, ya que, por regla general, las masas orientales son excesivamente almibaradas para mi gusto. También sus preparaciones saladas me encantaron por la suavidad y equilibrio de sus sabores exóticos.

Así supe que la culinaria de Medio Oriente, que ella practica, está actualizada a las nuevas formas de comer y evita tanto los fuertes picantes, como los dulces pronunciados.

Quienes hayan conocido aquella modesta publicación "Secretos de Medio Oriente", estarán de acuerdo en que el tema merecía mayor despliegue, que la edición doméstica emprendida hace, no mas de un año, por Diana y Jorge Boudourian.

Las recetas se multiplicaron, cualitativa y cuantitativamente, siendo ahora el sustento de este nuevo emprendimiento, "COCINA ARMENIA Y DE MEDIO ORIENTE", que Albatros tuvo la buena idea de editar.

Es importante que una descendiente directa de armenios, educada en las costumbres de sus ancestros, nos "traduzca" los platos de una mesa tan refinada, así como la de sus primas hermanas, la árabe, la griega y la sefaradí. Lo que nos suena tan exótico e inalcanzable aparece en las recetas de Diana, como posible y disfrutable.

Diana Kazelian aprendió esta cocina de chica, ayudando en las tareas a su madre y abuela, en el puesto de hija mayor, a la que corresponden estos quehaceres en un hogar armenio. Al casarse con Jorge Boudourian, se consolidaron las tradiciones y ambos siguen transmitiéndolas; ella, específicamente en el tema cocina. La autora fue perfeccionándose, estudiando e investigando, hasta formar su propia escuela, donde dicta su especialidad gastronómica, dejando a otros docentes las suyas.

En este libro, vuelca sus recetas familiares, las árabes, griegas y sefaradíes, que cada pueblo adoptó de los otomanos y adaptó. Por este motivo, los mismos platos tienen diferencias, que las identifican con cada país, lo mismo que la denominación en cada lengua.

De la lectura de "COCINA ARMENIA Y DE MEDIO ORIENTE", se entiende una forma de cocinar sana y completa, de platos tanto cotidianos, como festivos, ya que cuando hay invitados, el "mezzé" ó "metzé" es más amplio y variado, pudiendo llegar hasta veinte platillos. Las celebraciones tradicionales cuentan con algún plato ó dulce especial para esas fechas, que siguen elaborando, en cada familia, an fuera del país de origen.

15

Según Diana, la cocina armenia y de Medio Oriente es trabajosa, pero no difícil, ni cara.Comerla, provoca el encuentro con sentimientos olvidados", agrega "o con desconocidos, misterios..."

ALICIA DELGADO
Periodista Gastronómica Diario La Nación.

ORÍGENES
HISTÓRICOS

ORÍGENES HISTÓRICOS

La cocina armenia

La tierra donde la Biblia ubica el jardín del Edén (Génesis II, 14), en las fuentes del Tigris y del Eufrates, a los pies del inmenso cono del Ararat que domina el altiplano con su cumbre de 5.165 m, la zona que circunda los tres grandes lagos (Van, Sevan y Urmiá), comprendidos entre las orillas del Mar Negro y del Mar Caspio, es la cuna, del pueblo armenio.

Este territorio surcado por los valles de profundos ríos, presenta un clima saludable por la pureza del aire y por la escasa humedad, pero rudo por la rigidez de los nevosos inviernos a los cuales se contraponen tórridos veranos.

Sus partes septentrionales están recubiertas por bosques de hayas, el resto del altiplano armenio presenta con frecuencia una superficie inhóspita.

El suelo, de origen volcánico es extremadamente fértil y las zonas irrigadas son ricas en todo tipo de "frutos de la tierra": el trigo y la cebada son allí cultivados desde el Neolítico (7000 a.C.) y la vid desde el 4000 a.C y difundidos en Babilonia y en el antiguo Egipto, se conectan al mito bíblico de Noé que, al salir del arca parada sobre el monte Ararat, plantó una vid (Génesis, IX, 20).

Originarios del altiplano armenio son el albaricoque (prunus armeniaca), la pera, la manzana, la almendra, el higo.

El pueblo que vivió en este territorio logró increíblemente mantener hasta nuestros días la propia continuidad étnica a través de los más complejos y frecuentemente trágicos acontecimientos históricos. Invasiones, formaciones y disoluciones de reinos e imperios, deportaciones y masacres no pudieron impedir la supervivencia étnica de los armenios, cuyas características antropológicas atestiguan la continuidad de los elementos autóctonos originales. hallazgos arqueológicos que remontan a la primera mitad del primer milenio a.C. nos muestran, en bajo relieve o sobre láminas de metal labrado, representaciones de estos hombres corpulentos con la mirada orgullosa y penetrante, empeñados en acciones violentas como la caza o el combate a caballo, o también inmóviles en actitud de veneración de sus dioses.

Expresión de la adaptación a las condiciones climáticas y del significado simbólico del arraigamiento en la tierra madre, es la característica tipología de la habitación en los pueblos sobrevivientes, y descripto por Xenofonte en el 401 a.C. Se trata de casas parcialmente enterradas, cubiertas con una cúpula de vigas superpuestas y entrelazadas sostenidas por pilastras y repisas de madera

tallada. En el centro de la cúpula hay un agujero en correspondencia con él, en el piso de la casa, está excavado el "tonir", el hogar-horno cilíndrico con paredes de barro cocido que sirve para el calentamiento y para el cocimiento del pan y de las comidas. El humo que sale del techo, producido por el fuego que arde en el corazón de la casa, es para los Armenios el signo de la continuidad de una estirpe.

Los viñedos, los campos y los huertos que circundaban las ciudades y pueblos exigían imponentes obras de canalización de las aguas. Mientras las aguas del lago Sevan, poblado de truchas, eran directamente utilizables para la agricultura, los lagos de Van y de Urmiá tienen agua salobre y toda la región que los circunda tenía que ser irrigada con aguas traídas de lejos en grandes canales y acueductos construidos a partir del 800 a.C. con enormes bloques de piedra.

El atávico apego a esta tierra desarrolló en el pueblo armenio una particular habilidad en reconocer y valorar las singulares características de los productos de la agricultura y la mejor manera de sacar provecho de comidas saludables, nutritivas y capaces de satisfacer un gusto refinado.

Cada cereal, legumbre, vegetal, fruto o aroma fue utilizado con preciso cuidado y la sabia combinación de sus particularidades específicas, desarrollada en el curso de los siglos, produjo las originales preparaciones que son propias de la cocina armenia. Todo eso fue hecho siguiendo antiquísimas reglas y tradiciones que se remontan a épocas anteriores a los primeros recuerdos escritos y transmitidos oralmente hasta nuestros días.

Los copleros armenios que, todavía en el siglo XIX iban de pueblo en pueblo, junto a las épicas leyendas y a historias de heroísmo y supervivencia, hablaban de la manera de cultivar el suelo para obtener el máximo de la cosecha y de cómo preparar los alimentos combinando los más diferentes sabores de los frutos de la tierra.

Las recetas de cocina armenia, así como hoy las conocemos, fueron transmitidas de generación en generación y de familia a familia.

La base de las recetas siempre son los sencillos y originarios productos de la tierra y de la actividad ganadera. Ellos constituyen un ejemplo del empeño creativo de los cuales los sabores genuinos y elementales de cereales, legumbres, verduras y plantas aromáticas, de la leche y de las carnes, pueden ser combinados para dar lugar a un resultado siempre variado, rico y significativo.

Eso nos dice muchas cosas sobre el papel de la mujer en la familia y en la sociedad armenia y sobre el significado que la preparación y el ofrecimiento de las comidas asumía en las ocasiones festivas y las reuniones familiares, de agasajo de los huéspedes, de comunicación y reecuentro con los amigos.

Recogí en este libro en primer lugar las recetas tradicionalmente usadas en mi familia, así como las vi preparadas por mi abuela y por mi madre: a éstas se fueron sumando muchas otras, dadas por amigos y conocidos armenios. Esto permitió presentar un panorama de las variantes y de las particularidades que la cocina armenia vino asumiendo en las diversas comunidades que vivieron por siglos en contacto o bajo la dominación de pueblos vecinos: las comunidades armenias del Cáucaso, las del Asia Menor otomana, las del Oriente iraniano. Probando y organizando estas recetas he puesto atención en aquellas sutilezas que pudiesen tornarlas más apropiadas al gusto y a las exigencias actuales.

La cocina de Medio Oriente

La cocina de los países del Oriente Medio es muy similar, con variantes regionales que le otorgan mayor o menor refinamiento, pero sus ingredientes básicos y su elaboración son muy parecidos. El arroz y el cordero generalmente se utilizan en las cocinas locales, donde las especias juegan un papel preponderante, casi equivalente a la participación que se le otorga a las nueces, almendras y fundamentalmente al almíbar en la elaboración de los postres.

La evolución cultural de los pueblos integrantes de la Medialuna Fértil, desde el valle del Nilo, a los del Tigris y Eúfrates, desde varios miles de años antes del nacimiento de Cristo, dio origen al desarrollo de civilizaciones basadas en la irrigación, dado que el clima y la abundante presencia de agua, resultaba ideal para la introducción de la agricultura. En representaciones murales del antiguo Egipto aparecen tallos de espárragos y endivias rizadas, silvestres y cultivadas. Asimismo, en frescos sepulcrales, se ofrece a los dioses el puerro, como uno de los productos más habituales. Es conocida la honra del faraón Keops a los hombres sabios, mediante el regalo de peras, vacas, jarras de cerveza y manojos de puerros.

También la cebolla, que llegó a Egipto desde la antigua Persia, era cultivada junto a pepinos, ajos y melones. Estos productos fueron llevados por los hebreos, al salir de las tierras bíblicas, y cultivados en Palestina, junto a los garbanzos, aceitunas, higos, alubias, lentejas, uvas, dátiles, nueces y almendras, muy utilizados también.

El uso de tan variados productos no tendría sentido si dejáramos de considerar el gran contenido social y la tradicional hospitalidad entre anfitriones e invitados, con un cuidadoso respeto en la ubicación de los miembros integrantes de la mesa y los tiempos de su incorporación: el jefe de familia o la persona más importante en su ausencia, es el primero en tomar asiento. Las mesas son generalmente bajas y redondas, de cobre o plata, con patas de madera, y se utilizan cojines para sentarse en el suelo.

Los platos se disponen inicialmente en variadas cantidades, integrando lo que se ha dado en llamar "mezzé o metzé", siendo tradicional la utilización de las manos para servirse las delicias ofrecidas a título de entremés.

Las preparaciones principales

Como quedó dicho, se desarrollan a base de cordero o ternera, según las regiones; se utilizan también diversas variedades de aves con el acompañamiento de frutos secos, en ocasiones machacados para espesar salsas, entre los que se destacan los piñones, las almendras, avellanas, nueces, pistachos, pasas de uva, dátiles, ciruelas y damascos secos.

Hay especies cuyo papel ha sido vital en todas las civilizaciones, no sólo en la alimentación, sino también en ceremonias religiosas, en el embalsamamiento de los muertos, en la medicina, en el cuidado de la piel. Las plantas aromáticas han salvaguardado la belleza de las reinas, habiéndose confiado a sus fragancias el refresco de hombres y mujeres de entonces. Los ungüentos y aceites protegían la piel y cabellos de los climas cálidos y secos, y en ocasiones adquirían un significado religioso y místico, dándole a los guerreros una virtual coraza protectora que les aseguraba la victoria en el combate contra sus enemigos.

¿Quién no recuerda las mascarillas faciales de Cleopatra, que le suavizaban y blanqueaban la piel, frotándose con fragantes aceites su cuerpo y pintándose los labios y pómulos con rojo ocre, remarcando sus ojos con abundante aplicación de kohl en párpados y pestañas?

Los condicionantes requeridos por las especias, para su crecimiento y madurez varían según cada caso. Así el Canelo y la Casia, originarios de Sri Lanka (Ceilán), crece en zonas boscosas y húmedas, se plantan las semillas en grupos de 4 ó 5 separadas de 3 a 4 metros; su germinación se produce dentro de las 3 semanas, pero puede cosecharse recién a los 5 años.

El Comino, originario del Oriente Medio, se cultiva en sitio soleado y cálido, y suelo bien drenado de arcillas magras con materia vegetal. Cuando las plantas alcanzan 40 a 50 cm de altura y se marchitan, se cortan los tallos por debajo de la flor y se cuelgan en sitio cálido y ventilado para que sequen. Las semillas deben guardarse en recipientes bien tapados alejados de la luz y calor intensos. Antiguamente se la consideraba símbolo de fidelidad, y mantenía unidos a los enamorados.

El anís se cultiva por pequeñas semillas oleaginosas, es originario de Grecia y Egipto. Se supone que los musulmanes lo introdujeron en España. Crece en terreno ligero, seco y de composición caliza con buen aporte de sol. Las pequeñas flores blancas, muy delicadas, cuando toman color verde grisáceo deben cortarse y colgarse en tallos enteros, cabeza abajo, en sitio ventilado hasta que sequen, y deben guardarse también herméticamente.

La especie más importante del mundo, la pimienta negra y la blanca, es el producto de una planta trepadora originaria de la India. Fue uno de los primeros artículos que motivó el de comercio entre naciones europeas y orientales. Crece en bosques húmedos, a distancias aproximadas de 3 m. en pequeños arbustos de 10 m de altura. La primera cosecha se obtiene recién a los tres años. La pimienta negra de grano entero está recubierta con una película negra exterior, a diferencia de la blanca que, luego de sumergir en agua, se le quita la película citada para obtener la semilla blanco-grisácea.

El sésamo, planta anual, originaria de Africa e Indonesia, varía en la coloración de sus semillas, pasando del blanco al negro grisáceo, con coloraciones intermedias que oscilan del dorado al naranja. Se comercializan enteras, crudas o tostadas, en polvo o en pasta, llamada tahina, muy utilizado en la preparación de las comidas motivo de la presente publicación.

Es sabido también que, no sólo en la elaboración de alimentos se utilizan las especias; los vinos especiados, muy populares en tiempos de los romanos, eran aromatizados con canela, jengibre en polvo, cardamomo y clavo de olor, siendo muy recomendados como medicina y especialmente para ayudar a la digestión. El vino era ingerido entonces, hasta en el desayuno; eran predilectas las sopas en vino, con trocitos de pan aromatizado con especias. En los hogares más humildes, el vino era sustituido por leche. Si nos animáramos a probarlo deberíamos calentar ligeramente el vino seleccionado, sin dejar que alcance el punto de ebullición, en un recipiente enlozado. Verter lentamente el jugo de frutas, la miel y las especias, y dejar hervir hasta que el vino absorba los aromas suaves y estimulantes y luego colar con una tela muy fina.

Estas inigualables alternativas que nos ofrece la cocina de Medio Oriente, se complementan con ensaladas, sopas y carnes sazonadas con yogur, preparado generalmente en forma casera. Asimismo, en estado líquido con una pizca de sal y pepinos procesados es un buen complemento en épocas estivales, servido bien helado. Esta preparación de leche fermentada por la acción de dos bacilos lácteos, es más fácil de digerir que la leche, porque evita las fermentaciones intestinales y aumenta la absorción de calcio, fósforo y magnesio. Asimismo es muy utilizado para tiernizar carnes, sumergiéndolas en una marinada de hierbas y yogur natural que quiebran las fibras.

Este estilo de vida, reflejado en las comidas, y sus formas de servirlas, se complementa con platos fríos y calientes, acompañados a modo de introducción con aceitunas, frutos secos, quesos, rodajas de pepino y tomate, conservas, sabrosas pastas, pequeñas croquetas y albóndigas, hojas de parra rellenas, huevos, mejillones fritos y pescados salados.

En Siria y Líbano, países abiertos al mar, el pescado es siempre servido en las buenas mesas. En cambio, en Arabia Saudí, el arroz y el cordero, como ya dijéramos, son los ingredientes principales de toda comida, acompañados por el "hail" al que se le añade un poco de café o té, que se cultivan en Irán y Yemen.

Los dátiles, cuya principal producción a nivel mundial procede de Irak, integran junto al arroz y el cordero, la trilogía básica constitutiva de la dieta de los pueblos del Oriente Medio, los que, en periódicas invasiones, trasmutaron usos y costumbres, que generaron similitudes que, con matices se mantienen aún en la actualidad.

Algunos países acompañan los exquisitos platos de esta cocina con agua aromatizada con azahar o esencia de rosas; otros adoptaron el vino, como complemento y hay quienes, por diversos motivos, climáticos por ejemplo, beben anís o bebidas de fuerte graduación alcohólica, para mitigar los efectos de las temperaturas extremas, que en ocasiones llegan a los 35 y 40º bajo cero. El típico café oriental, cuya borra depositada en los fondos del pocillo nos permite conocer nuestro futuro, grancias a la lectura de expertas en cafeomancia, cuya herencia recibieron de madres y abuelas, es generalmente acompañado por exquisitos platos dulces. Entre ellos, la masa "fila", otrora desarrollada con increíble paciencia por las rugosas manos de "mezmairig" (abuela en armenio), las cremas de manteca finamente trabajadas con harinas tamizadas, y rellenas con nueces, almendras, canela, clavo de olor... y fundamentalmente la incorporación del almíbar, nos ofrecen un corolario digno de las "Mil y Una Noches".

PANES

Panes

El pan es, en la tradición armenia, el símbolo más común y antiguo del nutrimiento cotidiano, que marca y acompaña la vida del hombre y asume formas y aspectos diversos, para corresponder a las más variadas exigencias impuestas por las condiciones del trabajo y de las costumbres sociales.

La preparación del pan es un acontecimiento central de la vida doméstica. El pan es cocido en el "tonir", hogar excavado en el centro del piso de la casa armenia: una fosa cilíndrica con las paredes revestidas en barro.

En el "tonir" el fuego arde desde la mañana tempranito, desprendiendo el humo que sale por el agujero central del techo, y que simboliza la duración y la continuación de la vida familiar. El fuego que arde en el corazón de la casa conserva hasta ahora, en las familias armenias, el significado sagrado del altar.

Está todavía viva la tradición ceremonial del "hatz-yev-agh" (pan y sal): partir el pan que se ofrece con la sal como signo de disponibilidad, apertura y acogimiento para con el huésped que cruza el umbral de la casa.

La gran variedad de formas y tipos de panes es expresión de la sagacidad y abnegación de la mujer armenia que sabe utilizar los ingredientes más sencillos para producir las comidas que mejor se adaptan a las condiciones de vida y trabajo.

En el armenio antiguo se llamaba "pan" un tipo de pan casero, grande, con forma alargada, consumido sobre todo en las regiones montañosas.

El "lavash" es, al contrario, un pan en forma de disco muy fino que responde a la exigencia de una cocción rápida con economía de combustible y a la necesidad de una larga conservación, requisito esencial para que pudiera ser utilizado por los pastores y por las caravanas. El "lavash" es cocido haciendo adherir los discos de masa a las paredes verticales del "tonir" y está listo en pocos minutos. Los aromáticos discos son apilados sobre una base de madera y conservados en pilas altas de más de un metro. En el momento de consumirlos se los ablanda envolviéndolos por un cuarto de hora en una tela húmeda y readquiere entonces flexibilidad y frescura.

El "pide" (pan con forma de bolsillo) es un pan de forma elíptica que durante la cocción se separa en dos estratos formando como un bolsillo y es por lo tanto muy cómodo para rellenar con carne, verduras y salsas. También cada una de las otras variedades de pan se originaron en función de un uso específico (acompañar otras comidas, para el desayuno, para el té) o de un particular evento festivo o ceremonial (pan de Pascua).

Pan finito armenio

-Lavash-

Es un pan típico armenio, uno de los panes más antiguos del Cáucaso, se presenta en forma de disco o rectángulos finitos y recién hecho se puede conservar durante mucho tiempo.

Ingredientes

25 g de levadura de cerveza
600 c.c. de agua tibia
1,300 kg de harina 00
1 cda. de sal
1 cdita. de azúcar

Procedimiento

En un bol grande disolver la levadura, la sal y el azúcar en el agua tibia, después hacer caer en forma de lluvia la harina y mezclar todo, agregando si es necesario, otro poquito de agua hasta obtener una masa bien compacta y bien trabajada. Hacer un bollo y dejar levar en el bol, cubierto con un paño más o menos tres horas. Reamasar después de ese tiempo, enérgicamente por algunos minutos y dejar nuevamente levar por 1/2 hora.

Sobre una mesada con harina subdividir la pasta en tantas pequeñas porciones de la dimensión de un huevo, más o menos 25 ó 30 unidades. Con un fino y largo palo de amasar extender cada bollito de masa para que tenga un diámetro de 20 a 25 cm. La masa debe ser fina no más de 2 mm de espesor. Pinchar con un tenedor la superficie de la masa para evitar que se formen burbujas excesivamente grandes durante la cocción. Precalentar el horno a 200º, colocar los discos de masa y dejarlos cocinar 3 minutos hasta que tengan color apenas dorado. A medida que los discos de pan se cocinan, colocarlos en una canastita con un repasador para mantenerlos calientes hasta el momento de servir. Si el lavash no se come enseguida puede ser conservado por meses en bolsitas de plástico, en un lugar seco o también en el freezer.

Si se desea dejarlos más blanditos, envolverlos en un paño humedecido y hornear.

Pan con forma de bolsillo

-Pide-

Es un pan finito de forma oval o circular, ahuecado en su interior. Es éste un tipo de pan armenio, más popular en el Medio Oriente.

Ingredientes

(para 15 panes)
700 g de harina 00
20 g de levadura de cerveza
350 c.c. de agua tibia
1 cda. de azúcar
1 cdita. de sal
2 a 3 cdas. de aceite de oliva

Procedimiento

En un bol disolver la levadura de cerveza en 6 cdas. de agua tibia, unir el azúcar y dejarlo en un lugar caliente por 10 minutos hasta que la levadura comience a espumar. Tamizar la harina con la sal en un recipiente, colocar la levadura ya preparada y mezclar bien con las manos, agregando el agua que sobró, hasta obtener una masa consistente, pero no dura. Trabajar la masa por 15 minutos hasta que sea lisa y elástica (para obtener una masa más blanda incorporar 2 ó 3 cdas. de aceite). Aceitar la superficie de la masa de manera que no se forme una crosta y dejarla levar por lo menos 2 horas en un recipiente cubierto, en un ambiente cálido.

Quebrar la masa para trabajarla otra vez por algunos minutos, dividirla en 15 porciones, aplanar sobre una mesada enharinada con la palma de la mano o con un palo de amasar hasta que éstos tengan un espesor de 5 mm, (no más que eso, sino difícilmente se forme la cavidad en el interior del pan durante la cocción). Cubrir los panes con un poco de harina y ponerlos sobre un reparasador; recubrirlos y dejarlos levar 30 minutos. Precalentar el horno al máximo (230º a 240º), cuando está caliente colocar la placa por 10 minutos para que se caliente. Cuando los panes estén listos, colocarlos sobre la placa; con un rociador, humedecer ligeramente con agua fría, para evitar que adquieran color rápidamente. Colocarlos en el horno y dejarlos cocinar por 6 a 10 minutos (no abrir el horno durante la cocción). Sacar los panes y dejarlos enfriar sobre una rejilla. Deben estar muy blandos y ligeramente dorados y con el interior ahuecado.

Pan casero de cebollas

-Sokhov Hatz-

Este pan es muy popular en Armenia y es particularmente indicado para acompañar ensaladas, quesos, fiambres y carnes en rodajas, verduras y aceitunas.

Ingredientes

(para 2 panes de 20 cm)
700 g de harina 00
15 g de levadura de cerveza fresca
1/2 cda. sopera de sal
300 c.c. de agua tibia
1/2 cdita. de comino
1/2 cdita. de tomillo
1/4 de cdita. de pimienta
12 aceitunas negras sin carozo y cortadas finamente
1 cebolla pequeña cortada muy chiquita

Procedimiento

Tamizar la harina con la sal en un recipiente agregar comino, tomillo, pimienta, aceitunas y cebolla, disolver la levadura en el agua y agregar a esta mezcla de harina, ligar bien. Se obtendrá una masa dura y pegajosa. Colocarla sobre una mesada enharinada y trabajarla enérgicamente hasta que sea lisa y brillante (cerca de 15 minutos). Con la masa modelar un bollo; cubrir con una bolsa plástica y dejar levar hasta que doble su volumen (más o menos 2 horas). La masa está lista cuando apretándola con el dedo se conserva por algún tiempo la huella. Colocar la masa sobre la mesada enharinada, dividirla en dos, formar dos bollos, cubrir con un repasador y dejar reposar 10 a 15 minutos. Modelar otra vez la masa formando dos panes caseros, después colocarlos sobre una placa de horno, untada con aceite y dejarlos levar todavía 1/2 hora más.

Con un cuchillo hacer incisión sobre la superficie en forma de cruz profunda (1 cm), pincelar los panes con aceite para evitar que la cebolla que está en la superficie se queme. Con un rociador, humedecer el horno y colocar, además, una cacerolita con agua caliente que provocará más humedad.

Cocinar en el horno precalentado a 220º por 45 minutos. Sacar la cacerolita de agua después de los primeros 20 minutos y bajar la temperatura del horno a 200º después de otros 15 minutos. El pan está cocido cuando suena hueco batiendo con los nudillos en el fondo del pan. Dejar enfriar los panes sobre una rejilla y cortarlo cuando esté tibio.

Pan grueso de la Asunción

-Hasd Hatz-

Se trata de un pan recubierto de semillas aromáticas que era preparado en los pueblos armenios de Silicia en ocasión de la Fiesta de la Asunción, sobre la base una receta de origen Medieval.

Ingredientes

500 g de harina
115 c.c. de leche
115 c.c. de agua tibia
2 cdas. de manteca
1 cda. de azúcar
1 cda. bien llena de sal
15 g de levadura de cerveza

Cobertura

1/2 cdita. de jengibre
1 1/2 cdita. de semillas de sésamo tostadas
1 cdita. de semillas de comino tostadas
1 cdita. de semillas de anís
1 cdita. de semillas de amapola
1 1/2 cdita. de queso parmesano rallado
1 cda. de pistacho molido
1 cdita. de sal.
1/2 cdita. de pimienta negra molida.
2 yemas de huevo.
1 clara de huevo.
NOTA: la elección de las semillas puede también variar según el gusto.

Procedimiento

Calentar la leche y luego unir la mitad del agua, la manteca, el azúcar, la sal y dejar que todo se entibie; mientras disolver la levadura en el resto de agua tibia y colocarla aparte en un lugar caliente por 10 minutos hasta que espume. Unir esta preparación de levadura a la leche y juntar gradualmente la harina mezclando primero con una cuchara de madera y después con las manos hasta que se forme una masa blanda. Colocar la masa sobre una mesada y trabajar de 10 a 15 minutos hasta obtener un bollo blando y elástico. Colocar 1 cda. de aceite en un bol, girar la masa hasta que toda la superficie esté cubierta de aceite, cubrir con un paño y dejar levar en un lugar caliente más o menos por 2 horas. Trabajar nuevamente la masa por algunos minutos y abrirla sobre una placa de horno untada con aceite (más o menos de 1 cm. de alto); darle forma rectangular o redonda. Colocar todos los otros ingredientes de la cobertura en un bol chiquito, mezclar bien y después extenderlo con un pincel sobre la superficie de la pasta. Dejar reposar 30 minutos antes de ir al horno, precalentado a 230º. Colocar en él la masa y cocinar por 10', después bajar a 180º y dejar todavía por 10' más. Sacar del horno y dejar enfriar sobre una rejilla.

Pan dulce griego

—Vasilopita—

Ingredientes

1/2 kg de harina
3 yemas
2 huevos enteros
100 g de manteca
100 g de azúcar
20 g de levadura de cerveza
1/2 cdita. de azúcar
1/4 taza de leche tibia
Ralladura de 1 limón
Coñac a gusto
1/4 cdita. de sal

Varios:

1 sorpresa para colocar dentro del Pan Dulce, 1 yema de huevo batida con leche y semillitas de sésamo para espolvorear.

Preparación

Disolver la levadura en la leche con la 1/2 cdita. de azúcar, dejar que espume, luego colocar en corona la harina con la sal y en el centro se va disponiendo la manteca, los huevos, las yemas, el azúcar, la ralladura, el coñac y la levadura. Amasar muy bien, incorporar la sorpresa, dejar levar, separar en tres bollos. Se va estirando de 70 cm. de largo, se forma una trenza, se dispone como corona y se deja levar nuevamente sobre placa enmantecada, pincelar con la yema, el sésamo y cocinar en horno moderado durante 40'.

Pan giego de aceitunas negras

—Elioti—

Ingredientes

Fermento

40 g de levadura de cerveza
1 cdita. de azúcar negra
125 c.c. de agua tibia

Masa

400 g de harina
1 cdita. de sal
1 cda. de aceite de maíz

Relleno

2 cebollas grandes cortadas en aros finos
350 g de aceitunas negras descarozadas y finamente cortadas
1/2 pocillo de aceite de maíz
1 cdita. de comino molido

Varios

1 yema de huevo batida con 2 cdas. de agua, harina y agua tibia en cantidad necesaria.

Preparación

Fermento: Colocar la levadura, el azúcar y el agua tibia para que fermenten en lugar tibio. Freír las cebollas hasta que se doren, incorporar las aceitunas, mezclar unos minutos, retirar y condimentar con el comino. **Masa:** Tamizar la harina con la sal, agregar el fermento, el aceite y agua tibia cantidad necesaria hasta obtener una masa blanda, trabajarla y dejar que doble su volumen, luego incorporar el relleno, siempre trabajando la masa, dividir en pequeños bollitos, tapar y dejar que doble su volumen. Pincelar con la yema y hornear a temperatura moderada, hasta que tome un tono dorado y esté bien cocido.

Trenza de fiesta

—Choreg—

Ingredientes

200 g de manteca
5 huevos
300 c.c. de leche

350 g de azúcar
25 g de levadura
1,200 kg de harina común
Una pizca de sal
Ralladura de limón
Esencia de vainilla
1 cdita. de Mahleb (especia de Armenia)
Semillitas de sésamo

Procedimiento

Batir los huevos con el azúcar, hervir la leche derritiendo en ella la manteca; disolver la levadura en un poco de leche e incorporar a la preparación junto con el Mahleb y la sal. Mezclar e ir incorporando la harina de a poco, hasta obtener una masa blanda. Dejar descansar hasta que doble su volumen, luego dividir en tres bollos y armar las trenzas. Pincelar con huevo y espolvorear con sésamo; dejar levar y hornear a temperatura moderada, por espacio de 25' aproximadamente o hasta que tome color dorado.

ENTREMESES
Y
SALSAS

ENTREMESES Y SALSAS

No solamente cuando se reúnen para una comida común, sino también en cada ocasión en la cual se reciben huéspedes en las casas armenias, la tradición exige que, después del ofrecimiento del pan y de la sal, esté siempre lista alguna comida excitante y agradable que servirá para estimular la conversación.

En estas ocasiones siempre se usan semillas tostadas (semillas de zapallo, semillas de sésamo, pistachos, etc.). A éstas se fueron después agregando los niños envueltos de hojas de parra, originarios de la zona de Nakhidchevan, ciudad cuyo nombre significa "primera parada" refiriéndose a la salida de Noé del arca, encallada sobre el monte Ararat. Aquí surgen las viñas más antiguas del mundo. La serie de los niños envueltos fue enriqueciéndose con el uso de las hojas de repollo y otras verduras.

La creatividad de las amas de casa fue mejorando cada vez más con el transcurso de los siglos, en la preparación de las varias pastas de berenjenas (popularísimas en todo Medio Oriente), en los numerosos tipos de espuma y cremas que son consumidas untándolas sobre diversas variedades de pan.

Luego está el característico topik de pasta de garbanzos rellena con cebolla, pasas de uva y piñones, infaltables durante el período de cuaresma los dolmá (en armenio litzk) de morrones, tomate y mejillones las croquetitas de carne, los quesos y los sugiuk y bastermá siempre listos para rebanar.

Son parte integrante de los entremeses también los berek, deliciosas empanaditas hojaldradas rellenas, fritas o al horno y servidas calientes.

En la cocina armenia, las salsas generalmente no son usadas como parte integrante de un determinado plato: ellas son consideradas como un acompañamiento o una añadidura a los platos de carne, de pescado o a base de huevos y verduras.

En compensación las salsas son ampliamente utilizadas, untadas sobre el pan, como parte integrante de los entremeses.

El término más habitual y difundido en todo Medio Oriente con el cual se hace referencia a los entremeses es "mezze". El término originario armenio es "manr udelik", que significa literalmente "pequeña comida". En realidad, la variedad de "pequeñas comidas" que vienen normalmente presentadas a los invitados es tan grande que con frecuencia los entremeses adquieren la calidad de "plato fuerte" en una comida armenia.

Mousse de berenjenas

-Khorovaz sempug aghtsan-

Ingredientes

2 berenjenas grandes
1 tomate grande cortado en láminas finas
3 dientes de ajo
Aceite, sal y pimienta para condimentar
Hojas de menta para decorar

Procedimiento

Cocinar las berenjenas enteras apoyándolas sobre una rejilla del horno o directamente sobre la llama de la cocina. Darlas vuelta de manera que cada lado de la cáscara se ponga negra y tostada hasta que la pulpa esté blanda. En este punto pelarlas y colocarlas en un bol. Con un tenedor deshacer la pulpa. Agregar el ajo picado; condimentar con aceite de oliva, sal, pimienta y decorar con el tomate y algunas hojas de menta. Se puede sustituir el ajo por una cebolla picada finamente.

Tomates rellenos con mousse de berenjenas

Cortar a la mitad algunos tomates; sacar la pulpa, salarlos ligeramente y rellenarlos con la mousse de berenjenas. Colocar en el centro una rodaja de cebolla, una aceituna negra y decorar con hojas de menta.

Mousse de berenjenas con tahín

-Mutabbal-

Ésta es una salsa parecida al hummus, que utiliza berenjenas a la parrilla en lugar de garbanzos.

Ingredientes

2 berenjenas grandes
3 dientes de ajo

1 cucharadita de sal
50/80 g (según el gusto) de pasta de sésamo (tahín)
1 cucharadita de ají
Jugo de dos limones
1 cucharadita de comino
1 cucharada de aceite de oliva
Para decorar: 2 cucharadas de perejil picado, alguna aceituna negra

Procedimiento

Cocinar las berenjenas directamente sobre el fuego dándole vuelta constantemente o también en el horno a 200 grados hasta que la piel esté ennegrecida y tostada y la pulpa blanda.

Sacarles la piel a las berenjenas y colocar la pulpa en un bol, reducirla a puré con un tenedor, agregar el ajo, la sal, el tahín, el jugo de limón y el ají. Batir todo muy bien con el tenedor hasta formar una crema suave. Pasarlo a un plato y condimentarlo con el comino; rociar con aceite y decorar con perejil picado y aceitunas negras.

Servir con pide o lavash.

Mousse de berenjenas con yogur y ajíes picantes

-Mazunov sempug-

Ingredientes

1 berenjenas grande
35 c.c. de aceite de oliva
100 c.c. de yogur
6 ajíes verdes picantes
jugo de 1 limón
Sal, ajíes verdes para decorar

Procedimiento

Cocinar las berenjenas sobre la llama, dándole vuelta continuamente. Se puede cocinar también en el horno a 200º por 3/4 hora. Dejar enfriar la berenjena, sacar la cáscara y colocar la pulpa en una cacerola con el aceite y cocinar por algunos minutos, agregar el jugo de limón y la sal.

Retirar del fuego, agregar el yogur y dejar enfriar. Freír aparte los ajíes en el aceite, agregar el ajo y procesar o licuar. Salar y servir la mousse de berenjenas en una fuente y colocar encima el batido de ajíes y decorar con ajíes verdes fileteados.

Mousse de berenjenas con huevos

-Havgot sempug-

Ingredientes

1 berenjena grande
35 c.c. de aceite de oliva
Sal, pimienta
2 huevos duros cortados en daditos
1 tomate
1-2 dientes de ajo
30 g de nueces picadas
2-3 cucharadas de perejil picado

Procedimiento

Dorar en el aceite la berenjena cortada en cubos después aplastarla con un tenedor para eliminar el exceso de aceite y reducirla a crema; salar y pimentar. Poner la crema en una fuente, agregando los huevos, el tomate y el ajo; mezclar poco y delicadamente cubrir con las nueces y el perejil.

Servir frío como crema para untar pan tostado o galletitas.

Berenjenas al ajo y vinagre

Ingredientes

2 berenjenas en rodajas
Sal
Aceite para freír
3 dientes de ajo
1 vaso de vinagre
Harina (lo suficiente para enharinar las rodajas de berenjenas)

Procedimiento

Freír las rodajas de berenjenas previamente enharinadas e ir colocando sobre un tamizo sobre papel absorbente.

Terminada la fritura, volver a colocar todas las berenjenas en la sartén, espolvorear con un poco de harina, salar y agregar el ajo cortado finamente, siempre revolviendo y mezclando; cuando la harina esté tostada bañar con vinagre, dejar absorber y retirar del fuego. Resulta un plato exquisito.

La misma receta se adapta muy bien al zapallo (Dabgoz ttum) como también a los zapallitos (zucchini). Estas berenjenas pueden ser conservadas en heladera por algunos días después de haberlas puesto en tarros de vidrio cubiertos con un poco de aceite.

Crema de yogur a la menta

(Labne Herra) -Laban-

Ingredientes

400 c.c. de yogur concentrado
2 cditas. de menta molida
1/2 cdita. de ají molido
Sal a gusto
2 cdas. de aceite de oliva

Procedimiento

Colocar el yogur en un lienzo y dejar escurrir hasta el día siguiente para que resulte una crema; servir en platillos, con aceite de oliva y menta seca molida.

Queso "masa"

Ingredientes

500 g de queso "masa"
2 huevos
1 cdita. de harina
Sal y pimienta a gusto
Aceite o manteca para freír
(El queso masa se adquiere en comercios que expenden productos orientales).

Procedimiento

Cortar el queso "masa" en porciones de 4 x 4 cm; sumergir en el adobo de huevos y harina y luego de condimentar, freír en manteca. Servir de inmediato.

Bocaditos de hortalizas

Ingredientes

200 g de perejil picado fino
200 g de espinacas crudas o acelga, picada fina
1 cebolla mediana picada
1 diente de ajo
1 cebollita de verdeo picada
5 huevos
2 cdas. de harina
Sal y pimienta a gusto
Aceite para freír, cantidad necesaria

Procedimiento

Mezclar todos los ingredientes y tomando pequeñas porciones freír en abundante aceite caliente. Servir de inmediato.

Mousse de garbanzos

-Hummus-

Ingredientes

1 taza de garbanzos
6 tazas de agua tibia
2 cdas. de pasta de sésamo
5 cdas. de jugo de limón
1 diente de ajo picado
Aceite de oliva cantidad necesaria
1 cdita. de comino molido
Sal a gusto

Procedimiento

Lavar los garbanzos, poner en remojo con agua tibia durante la noche. Escurrir y agregar las 6 tazas de agua tibia y cocinar hasta que se tiernicen agregándoles sal. Licuar los garbanzos agregando el jugo de limón, aceite y ajo picado. Colocar en un bol, incorporar la pasta de sésamo, batir bien, agregar el comino, rectificar la sal, el limón y aceite de ser necesario. Servir decorado con perejil picado, pimentón y aceite de oliva.

Pañuelitos de berenjenas

Ingredientes

3 berenjenas
150 g de carne de rosbeef
150 g de cebolla
1 ají colorado grande
100 g de nueces
200 c.c. de aceite de oliva
1 yogur natural
Salsa de tomate
Sal y pimienta

Procedimiento

Cortar las berenjenas longitudinalmente, freír en aceite, así hasta finalizar. Cruzar dos lonjas y colocar en el centro una porción del relleno, preparado con la carne, la cebolla, el ají, las nueces y la sal y pimienta, a gusto. Para sostener colocamos un escarbadiente y así llevamos sobre la salsa de tomate, un momento al fuego. Servimos sobre salsa de yogur con ajo y menta o sobre salsa de tomate.

Quesitos de laban en aceite de oliva

Labanie Ma'a Zayt -Arabe-

Ingredientes

1 litro de laban
1 cda. de sal
1 bolsa de género grueso y tupido

Aceite de oliva
Pimienta

Procedimiento

Mezclar el laban con la sal y colocarlo en la bolsa a estilar. Dejarlo hasta que tenga la consistencia necesaria para formar esferitas de 2 a 3 cm de diámetro, las cuales se van colocando en un frasco, previamente esterilizado. Cubrir con aceite de oliva. Guardar tapado.

Se acostumbra a servir como aperitivo, espolvoreado con Zahtar, acompañado con pan árabe.

Picante de garbanzos

-Fala fil ma'a Hummus-

Ingredientes

2 tazas de garbanzos
1 cucharada de trigo "Burgol" fino
3 ajíes verdes
1 diente de ajo
1 cebolla mediana
1/2 taza de perejil
cilantro
sal
pimienta
comino
aceite para freír
1 cucharada de Tahine

Procedimiento

Remojar los garbanzos durante toda la noche. Lavar el burgul y escurrir muy bien. Moler los garbanzos crudos y mezclarlos con el burgol. Incorporar el ají, el ajo, la cebolla, el perejil, la sal, la pimienta, comino y cilantro. Unir todo muy bien, amasando. Formar masitas o tortillas, apretándolas muy bien, freír en aceite caliente. Servir, si se prefiere, con pan árabe y hortalizas finamente picadas.

Pimienta Árabe

-Filfil-

Ingredientes

300 g de pimienta negra molida
300 g de pimienta blanca molida
100 g de canela molida
50 g de clavo de olor molido
2 g de nuez moscada

Procedimiento

Mezclar y guardar en frasco de vidrio.

Bocaditos de pescado

Ingredientes

3/4 kg de filetes de merluza
2 cdas. de extracto de tomate
2 dientes de ajo
1 cdita. de ají molido
1cdita. de pimentón molido
Ralladura de naranja
1 cdita. de comino molido
Sal y pimienta a gusto
Harina y aceite, cantidad necesaria.

Procedimiento

Se pican finamente los filetes y se mezclan con los demás condimentos, se arman pequeñas esferitas y se fríen y se sirven para el copetín.

Berenjenas con relleno de nueces

-Arkaigan sempug-

Ingredientes

400 g de berenjenas cortadas en rodajas.

Relleno

100 g de pan remojado en leche, escurrido y desmenuzado
35 c.c. de aceite de oliva
100 g de nueces picadas
Jugo de medio limón
1 diente de ajo
1/2 cucharadita de sal
1/2 cucharadita de pimienta
1/2 cucharada de perejil picado

Masa

70 c.c. de leche
4 cucharadas de harina
1 huevo batido, sal

Procedimiento

Hacer la masa de freír con los ingredientes indicados. Pasar las rodajas de berenjenas por la mezcla y freír en aceite de oliva hasta que se doren.

Después de escurrirlas, dejarlas enfriar, mientras tanto preparar el relleno. Licuar el pan junto con el aceite, luego unir el jugo de limón y el resto de los ingredientes licuando hasta obtener una crema espumosa.

Untar sobre cada rodaja de berenjena una cucharada de relleno y disponerlas sobre un plato, luego decorar con hojitas de perejil.

Para una mejor presentación, arrollar las rodajas de berenjenas rellenas, cerrando los arrolladitos con un escarbadientes e insertar una hojita de perejil en una extremidad.

Berenjenas al yogur

-Mazunov sempug-

Ingredientes

1 kg de berenjenas sin cáscara, cortadas en rodajas de 1 cm
Sal
210 c.c. de aceite de oliva
3 dientes de ajo
3/4 litro de yogur denso
2 cucharaditas de hojas de menta fresca picada

Procedimiento

Esparcir con sal las berenjenas y dejarlas reposar por 15 minutos. Secarlas con un repasador y freír pocas a la vez en aceite a fuego mediano, durante 10' o hasta que estén doradas. Escurrir y disponerlas en un plato para que se enfríen. En el mortero pisar juntos el ajo con una pizca de sal y unir al yogur. Verterlo sobre las berenjenas y espolvorear con la menta.

Mousse de huevas de pescado

-Tarama-

Ingredientes

100 g de cualquier tipo de huevas de pescado: "muggine", carpa, salmón, etc.; habitualmente se usan huevas de "muggine" conservados en tarritos con sal que se encuentran en los negocios de alimentos orientales.
5 rebanadas de pan blanco sumergidas en agua o en leche y exprimido
Jugo de 1/2 limón
1 cucharada de cebolla picada finamente
1 diente de ajo picado
100 c.c. de aceite de oliva
Por lo general no se agrega sal porque las huevas ya son saladas.

Procedimiento

Poner las huevas de pescado en un tamiz muy fino y lavarlos bajo el agua corriente para eliminar las impurezas. Colocar en el vaso de la licuadora el pan y las huevas de pescado y a velocidad mediana, reducir el compuesto a una crema, agregando el limón, la cebolla y el ajo. Luego verter en forma de hilo el aceite hasta que se forme una crema consistente como una mayonesa. Poner el tamará en un recipiente y llevarlo a la heladera donde se solidificará al enfriarse.

Servir con rebanadas de pan o galletas junto con los otros entremeses.

Saladitos armenios
-Sugiuk-

Es un tipo de salame muy picante que se puede intentar hacer en casa, siempre que se tenga la posibilidad de dejarlo estacionar en lugar adecuado: seco y bien ventilado.

Ingredientes
2 kg de carne de cerdo magra picada muy fina
250 g de morrón verde picado finamente
2 cdas. de comino
1 cda. de paprika
1 cda. de pimienta negra
1 cda. de ají rojo desmenuzado
1 cda. de canela

Procedimiento
Mezclar bien todos los ingredientes y ponerlos en la heladera por una noche. Los salamitos pueden ser confeccionados a mano, sin utensilios especiales. Se puede enhebrar una tripa fina sobre el canuto del embudo. Con los dedos o con una mano de mortero se empuja la pasta de salame en la tripa que se despegará despacio cuando se la está rellenando. La tripa más grande es la de buey (especialmente apta en este caso) puede ser rellenada con una manga de confitería con boquilla de dimensiones aptas. Insertar sobre la boquilla la tripa teniéndola firme con una mano y con la otra cerrar la abertura de la manga. Empujar la pasta en la tripa que se despegará despacio mientras se llene. Formar ahora salamitos atándolos a intérvalos regulares de cerca de 10 cm. torciendo la tripa de manera que se vacíe del relleno en el punto en el cual será atado. Con una aguja pinchar cada tanto para expulsar eventuales burbujas de aire. Los salames deben secarse por lo menos por dos semanas, colgados en lugar seco y bien ventilado.

Estos salames son consumidos crudos y cortados en rebanadas, añadidos en los caldos, cocinados con huevos así como con otros alimentos.

Paquetitos de pasta de garbanzos

-Topik-

Esta es una receta que remonta a los tiempos de Bizancio: es un plato tradicional de Cuaresma. Los topik son servidos fríos, condimentados con aceite de oliva, limón, junto a encurtidos y ensaladas a elección.

Ingredientes

Envoltura

500 g de garbanzos
300 g de papas
1 y 1/2 cucharadita de sal
Pimienta a gusto

Relleno

2 cdas. de harina
1 kg de cebollas divididas a la mitad y cortadas finamente
3 cdas. de aceite de oliva
3 cdas. de piñones
3 cdas. de pasas de Corinto
2 cdas. de perejil picado
3 cdas. de pasta de sesamo (tahin)
1 y 1/2 cdita. de sal
1 y 1/2 cdita. de comino
1/2 cdita. de pimienta
Especias a gusto

Procedimiento

Dejar en remojo los garbanzos por una noche en agua tibia; cocinarlos hasta que estén muy tiernos (en olla a presión 50 minutos), escurrirlos, sacar la cáscara tomando un puñado a la vez y refregarlos con la palma de las manos.

Cocinar las papas en agua, pasarlas por una prensa junto con los garbanzos y trabajar con las manos humedecidas hasta que la mezcla esté bien amalgamada.

Salpimentar, y dejar aparte.

La preparación del relleno, que es mejor realizarla un día antes, consiste en calentar 3 cucharadas de aceite de oliva en una sartén, colocar las cebollas y dejarlas cocinar a fuego suave y en sartén descubierta, hasta que estén tiernas.

Juntar la harina, dejar que se tueste, después de eso sacar del fuego y agregar los piñones, las pasas de uva, perejil, especias y pimienta más una espolvoreada de canela y finalmente el tahin. Mezclar todo y colocar en la heladera preferentemente por toda la noche.

Necesitamos ahora 8 ó 9 cuadrados de tela blanca del tamaño de un pañuelo de hombre. Sumergirlos en agua fría y escurrir. Extender sobre la mesa una tela a la vez, tomar una cantidad de la mezcla de garbanzos del tamaño de una naranja y colocarlo en el centro de la tela; con un palo de amasar abrir esa masa hasta el espesor de 1/2 cm. La operación es más fácil si sobre la mezcla se pone otra tela antes de pasar el palo de amasar.

Procurar hacer cuadrados de cerca de 20x20 y disponer en el centro dos cucharadas abundantes de relleno. Replegar los cuatro ángulos de la pasta sobre el relleno ayudándose con los cuatro ángulos del pañuelo cuidando para que no se rompa; alisar y sellar bien las uniones presionando delicadamente con las yemas de los dedos. Anudar luego de dos en dos los ángulos opuestos del pañuelo de manera de formar un paquetito.

Sumergir los paquetitos en agua caliente salada y cocinarlos cubiertos por 15-20 minutos, hasta que suban a la superficie. Desatar los paquetitos, colocar los topik sobre un plato y dejar enfriar. Antes de servirlos esparcirlos con un poquito de aceite de oliva, una pizca de canela o de paprika a gusto y jugo de limón.

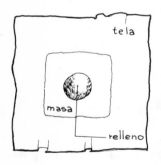

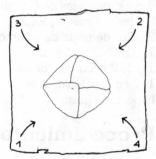

Berenjenas rellenas con nueces

-Arabe-

Ingredientes

24 berenjenas chicas
3 tazas de nueces molidas
3 cabezas de ajo
2 cdas. de sal
Aceite

Procedimiento

Mezclar bien las nueces con el ajo pisado en el mortero. Lavar las berenjenas. Cortarles los cascos, sumergirlas en agua hirviendo con sal para que queden cubiertas. Cocinarlas entre 10 a 12 minutos, hasta que estén levemente blandas. Escurrir y enfriar. Hacer un tajito de 1 a 2 cm a lo largo en cada una. Colocarlas en un colador a escurrir toda la noche. Al día siguiente, rellenarlas con 1 o más cucharaditas de la pasta de las nueces, presionándola dentro de las berenjenas. Disponer en frascos esterilizados de modo que queden juntas una contra las otras.

Poner un plato en la boca del frasco y darlo vuelta para que drenen durante la noche.

Al día siguiente, llenar los frascos de aceite, asegurándose que las berenjenas queden totalmente cubiertas. Tapar. Estarán listas en dos semanas. Se conservan durante meses. Como aperitivo, cortar en pequeñas porciones y servir.

Bocaditos de lentejas partidas

Ingredientes

250 g de lentejas partidas
250 g de trigo doble fino
100 g de manteca
2 cebollas chicas
2 ajíes

1 taza de perejil
Sal, pimienta y ají molido

Procedimiento

Cocinar las lentejas en agua caliente, desechar el primer hervor e incorporar agua nuevamente, un ají y unas ramitas de perejil, hervir hasta que las lentejas se tiernicen y en ese instante adicionar la sal necesaria. Luego colocar el trigo en un recipiente y sobre él verter las lentejas con el agua de cocción caliente, en ese momento retirar el ají y el perejil y cubierto dejar reposar por espacio de 1 hora. Mientras tanto, picar finamente el ají y las cebollas, dorar en manteca e incorporar a la preparación del trigo y la lenteja en reposo. Unir todo amasando muy bien, adicionar el perejil picado y el ají molido. Formar los bocados, tomando porciones con la mano, apretando con el puño. Disponer en una fuente y servir tibio.

Envueltos en hojas de puerro
-Praza Sarma-

Ingredientes

20 puerros muy grandes
2 limones (el jugo)
Relleno
1 kg de cebollas
250 c.c. de aceite de maíz
220 g de arroz
1 taza de perejil picado
50 g de pasas rubias sin semillas
20 g de piñones
Sal, azúcar, canela y pimienta a gusto

Procedimiento

Picar finamente la cebolla, colocar con sal en una olla, al calor suave tapada hasta que suelte su líquido, destapar y evaporarlo. Incorporar el aceite y freír hasta apenas dorar, ir revolviendo con cuchara de madera, en ese instante adicionar el arroz, las pasas, los piñones, el perejil y las especias, mezclar bien y retirar del calor.

Mientras tanto proceder a cortar las hojas del puerro, lavar y hervir por espacio de 1 minuto, para tiemizar. Retirar la fibra que cubre la parte interior de las mismas y colocar en uno de los extremos una cucharadita de relleno. Doblar la hoja de puerro en diagonal para formar un triángulo y así continuar envolviendo tantas vueltas como sea necesario hasta terminar la hoja, siempre en triángulo y enganchando al final el extremo (el más tiemo) en el triángulo o doblez anterior.

Acomodar los "praza sarma" alienándolos en la olla, salar, cubrir con agua caliente, tapar con un plato con el fin de ejercer presión, y en la mitad de la cocción, agregar el jugo de limón.

Hervir por espacio de 25 minutos. Dejar enfriar los "praza sarma" en la olla. Servirlos fríos.

Pavita con tahine
-Arabe-

Ingredientes
1 pechuga de pavita o 2 ó 3 pechugas de pollo cocidas
1 planta de apio
2 tomates pelados
1 ají morrón
2 zanahorias
1 taza de arvejas
1 cebolla
1 ají verde

Procedimiento
Cortar las pechugas en trocitos pequeños, igualmente las verduras y mezclar todo esto con las arvejas. Sazonar con salsa de Tahine.

Basterma
-Jamón Armenio-

Se trata de un fiambre para servir en rodajas, parecido a la bondiola, que se diferencia por el hecho de que el trozo de carne resulta envuelto con un extrato compacto de especias que le dan un fuerte aroma. El mejor período para prepararlo es el otoño.

Ingredientes

1 kg de carne de nalga
125 g de chemen o fenogreco
100 g de pimentón
50 g de pimienta
50 g de comino
25 g de ají molido
5 cabezas de ajo
Sal gruesa, sal fina y agua en cantidad necesaria

Procedimiento

Desgrasar bien la nalga y cortar en bifes gruesos, aproximadamente de 8 cm. de ancho y dar buena forma. Colocar la carne en un recipiente con abundante sal gruesa y dejar descansar un día, alternando su posición, para que reciba la sal en forma pareja. Al día siguiente, lavar muy bien y secar cada bife y envolver en lienzo blanco, colocando un peso sobre ellos para que desprendan todo el líquido. Repetir esta operación dos veces más, cambiando los lienzos. Cuando los bifes están bien secos, por uno de los extremos, introducir un hilo grueso y colgar en lugar fresco, aproximadamente 3 días. Elegir para preparar el bastermá días fríos y secos.

Procedemos a colocar en el vaso de la licuadora el chemén o fenogreco (disuelto de a poco con agua hirviendo, dejando unos minutos hasta esponjar), los dientes de ajo, el ajo molido, el pimentón, el comino, la pimienta, la sal fina y un poco de agua para obtener una pasta semi-espesa en donde se sumergen los bastermá nuevamente lavados, secos y escurridos, adobándolos muy bien y dejándolos descansar de 2 a 3 días o hasta que se noten secos.

Mousse de morrones

-Mohamara-

Ingredientes

6 ajíes morrón
100 g de nueces
1 cda. de pan rallado
1 cda. de ají molido
1 cda. de pimentón
1 cda. de aceite de oliva

3 cdas. de jugo de limón
1 cdita. de azúcar, sal y pimienta

Procedimiento

Utilizar morrones al natural o asados, en este caso pelar y luego procesar junto con 60 g de nueces, el ají molido, el pimentón, el aceite, el limón, el azúcar, la sal y la pimienta a gusto. Si fuera necesario espesar, utilizar el pan rallado. Servir rociado con aceite de oliva y adornado con nueces enteras.

Aceitunas negras adobadas
-Tzita budug-

Ingredientes

1/2 kg de aceitunas negras y grandes
1 cdita de ají molido
4 cdas.. de jugo de limón
1 cda. de comino molino
1 cdita. de tomillo molido
1/2 cdita. de pimienta blanca
Aceite de oliva

Procedimiento

Mezclar el aceite de oliva con el jugo de limón, la sal, el ají molido, el comino, el tomillo y la pimienta. Aderezar las aceitunas y colocar en frascos adecuados, listos para servir.

Medallones de berenjenas
-Badinyan Macli-

Ingredientes

5 berenjenas
4 dientes de ajo
2 ajíes rojos
3 cebollas

2 cebollitas de verdeo
1 taza de perejil
Manteca o aceite de oliva para freír
Sal, pimienta, ají molido

Procedimiento

Elegir las berenjenas alargadas firmes y moradas, cortar en medallones y freír en manteca o aceite de oliva. Retirar, escurrir sobre papel absorbente y disponer sobre una fuente que pueda llevarse a la mesa. Aparte picar finamente los ajos, los ajíes las cebollas, las cebollitas de verdeo, el perejil; espolvorear con esta preparación los medallones, condimentando, por último, con ají molido, sal y pimienta. Servir frío.

Pepinos en vinagre
-Bahesty varunk-

Ingredientes

1 kg de pepinos chicos
Vinagre de alcohol en cantidad necesaria
2 dientes de ajo
1 cda. de azúcar
3 cdas. de sal gruesa
Granos de pimienta negra y de coriandro

Procedimiento

Lavar y secar muy bien los pepinos, disponer en frascos, bien comprimidos, alternando con los dientes de ajo los granos de pimienta y coriandro. Mezclar la sal y el azúcar con el vinagre y cubrir los pepinos, tapar herméticamente y esterilizar a Baño de María durante 45 minutos, dejar enfriar en el mismo recipiente. Macerar por espacio de 20 días, antes de consumir.

Yogur
-Mazun-

Ingredientes:

1 litro de leche
De 2 a 4 cucharadas de yogur activo (con gérmenes vivos)

Procedimiento

Hervir la leche, sobre fuego moderado y colocar en un recipiente para que se entibie hasta 40º. Aparte mezclar el yogur con un poco de leche hasta tener una mezcla homogénea y lisa, luego colocarla lentamente en el recipiente con la leche caliente; cubrir con un toallón y un repasador pesados para conservar el calor.

Se puede también colocar en el horno con una temperatura de 40º como máximo.

Si se desea tener en yogur en porciones individuales, con un cucharón distribuir la mezcla en potes, que van colocados en una cacerola profunda, poniendo después agua caliente (40º) suficiente para cubrir hasta la mitad. Envolver la cacerola en una manta o en un grueso toallón cubriendo completamente y dejar fermentar durante una noche.

Después de 8-10 horas el yogur está listo y debe haber llegado a la consistencia de un budín. Guardar después en heladera para que se enfríe antes de utilizarlo. El yogur puede ser conservado por algunos días en heladera antes de que se torne ácido. Antes de consumirlo completamente, conservar por lo menos 100 c.c. en heladera para utilizar como yogur activo para hacer otras veces.

Otro tipo de yogur más grasoso se puede conseguir con el mismo método de preparación, pero cambiando solamente los siguientes ingredientes:
1 litro de leche entera
4 cdas. de yogur activo denso
4 cdas. de crema fresca doble
Mezclar bien el yogur con la crema y proceder como arriba.

En la cocina armenia el mazun es muy utilizado como salsa que es agregada como ulterior condimento a muchos platos de carne y verduras.

Queso árabe

Ingredientes

10 litros de leche
2 cditas. de ají molido
Zahtar, sal, pimienta
1 bolsa de tela gruesa y tupida

Procedimiento

Vaciar los 10 litros de leche cruda en una olla, de preferencia enlozada y dejarla afuera de la heladera, tapada hasta que se corte. Cuando esto suceda, sacar la leche cortada, es decir, la parte espesa; condimentar con 3 cucharadas de sal, y colocar en la bolsa. Colgar esta bolsa en un lugar en que pueda escurrir el agua, durante 3 días. Luego escurrir y vaciar la leche cortada en una bandeja grande. Agregar el ají molido y más sal para que no se descomponga. hacer esferas del tamaño de una naranja y amasar bien cada una de ellas. Apretarlas y alisarlas para que no queden surcos. Colocar en una bandeja enharinada y dejar hasta el día siguiente. Luego volver a amasar, para dejarlas aún más listas. Secar a la sombra durante el día cubiertas con gasa. A estas esferas de queso se les formará una costra en la parte superior. Después de dos días deben darse vuelta para que formen costra por el otro lado. Dejar al aire durante 5 días más, hasta que estén secas. Luego envolver cada una de ellas en papel manteca y colocar en botellones bien tapados, guardándolos en una despensa durante dos meses. Al término de este lapso se habrá formado en los quesos una especie de musgo, el cual debe rasparse con un cuchillo bajo el agua fría. Disponer en una bandeja y sacar nuevamente al aire, pero ahora tapados con un lienzo.

También se pueden dejar en la heladera. Después de 1 ó 2 días, cuando los quesos estén secos, se pasan por un plato de zahtar; para que queden cubiertos con esta hierba. Se sirve con un buen aceite de oliva.

Nota: El zahtar, es una especia que se adquiere en los comercios árabes.

Ricota Harishi
-Arabe-

Ingredientes

1 litro de leche entera
2 cdas. de vinagre de manzana

Procedimiento

Hervir la leche. Retirar y adicionar las cucharadas de vinagre, revolver, tapar y dejar reposar 5 minutos. Luego verter en un colador cubierto con un lienzo. Escurrir rápidamente todo el suero, batir bien y disponer en un recipiente adecuado para conservar.

Salsita de huevos y limón

-Havghiti sos-

Es una salsa indicada como acompañamiento de los dolmá con relleno de carne.

Ingredientes

2 yemas de huevo
4 cditas. de jugo de limón
170 c.c. de caldo de carne
Jugo de los dolmá o algunas cucharadas de agua
1 cucharadita de menta seca y desmenuzada (opcional)

Procedimiento

En un bol batir las yemas hasta obtener un color blancuzco, colocar el limón y seguir batiendo, juntar gradualmente el caldo, el jugo de los dolmá o el agua. Transferir la salsa en una cacerolita y cocinarla a fuego bajo por 10 minutos hasta que tome fluidez; unir la menta luego disponer en una salsera y servir.

Salsa de berenjenas

-Sempughi sos-

Ingredientes

3 berenjenas largas
1 cebolla grande
240 c.c. de aceite de oliva
1 1/2 cucharada de miel
El jugo de 1 limón y medio
Sal y pimienta

Procedimiento

Pelar las berenjenas, cortar por la mitad a lo largo, salar y dejarlas por una hora. Después lavarlas, secarlas y ponerlas en una placa con la parte cortada para abajo; unir la cebolla cortada en rodajas con 35 c.c. de aceite y dejarlas cocinar en horno hasta que estén tiernas (alrededor de 50 minutos) darlas vuelta de ser necesario. Cuando estén listas pasar por licuadora y agregar el aceite restante; condimentar a gusto con sal, pimienta, jugo de limón y la miel. Disponer la salsa en una salsera y servir fría con carnes asadas o pescados hervidos.

Salsa de yogur
-Mazuni sos-

Ingredientes

400 g de yogur concentrado
60 c.c. de aceite de oliva extra virgen
2 cditas. de menta desmenuzada

Procedimiento

Colocar el yogur en un plato para servir, rociar por encima el aceite y espolvorear con la menta. Servir con pide o lavash.

Salsa de tahine
-Arabe-

Ingredientes

1/2 taza de tahine
2 dientes de ajo
1/2 taza de agua fría
1/2 taza de jugo de limón
1 cdita. de sal

Procedimiento

Pisar en el mortero, juntos el ajo y la sal, agregar el tahine y unir muy bien. Añadir el agua de a poco, revolviendo para que el tahine se disuelva completamente. Incorporar el jugo de limón, hasta que la salsa quede cremosa. Esta pasta de tahine puede prepararse más o menos espesa, según se desee, para ello adaptar la cantidad de agua y de jugo de limón. Si se desea usar para acompañar aperitivos, añadir media taza de perejil picado.

Agristada

-Sefaradí-

Ingredientes

Jugo de un limón
2 cdas. de aceite
2 cdas. de harina
2 huevos
Sal y pimienta a gusto

Procedimiento

En un recipiente, colocar el jugo de limón, aceite, tres tazas de agua, sal, pimienta y llevar al fuego. Disolver en un bol la harina y añadirle suavemente los dos huevos batidos, hasta formar una crema homogénea, verterla en el líquido hirviendo, de a poco, mezclando continuamente, para que no se corte. Retirar inmediatamente del fuego.

Esta salsa es ideal para sevirla con arroz, y posee innumerables aplicaciones, se puede preparar con albóndigas de carne, trozos de seso o pescado.

Salsa Oriental

Ingredientes

162 kg de ciruelas secas descarozadas
1/4 kg de dátiles, descarozados
1/4 kg de pasas de Corinto, sin semillas
1/4 kg uvas frescas sin semillas
1/2 cdita. de jengibre en polvo
1/4 cdita. de canela molida
1/2 cdita. de sal fina
1/2 lt de vinagre de vino
1/2 kg azúcar rubia
1 cdita. de cebolla picada
2 manzanas picadas

Procedimiento

Colocar en una cacerola a fuego moderado las ciruelas, los dátiles, las pasas y las uvas. Agregar el vinagre, condimentar con el jengibre, la canela, la sal y la cebolla, luego añadir el azúcar rubia y las manzanas.

Dejar hervir por espacio de 20' y retirar del fuego. Dejar enfriar, y guardar en frascos limpios de boca ancha, bien lavados y secos, para su conservación.

Servir acompañando carnes o aves.

Salsa plaki

Ingredientes

1 taza de apio cortado
1/2 taza de zanahorias cortadas en rodajas finas
1/2 taza de perejil picado
3 dientes de ajo
1/2 taza de tomates
2 tazas de agua
3/4 taza de aceite
1 cda. de sal

Procedimiento

Cocer todos los vegetales en agua y luego incorporar al alimento deseado, que pueden ser: pescados crudos en postas, porotos alubias cocidos, papas crudas en rodajas, etc.

Unos minutos antes de apagar el fuego, agregar el aceite.

Nota: Estos platos pueden servirse fríos o calientes, aunque generalmente, se consumen tibios.

SOPAS
Y
CAZUELAS

SOPAS Y CAZUELAS

En la cocina armenia, al contrario de la costumbre occidental, las sopas no son consideradas generalmente como plato de apertura de una comida. Se excluyen las sopas a base de yogur (mazun abur y tan abur) que tienen un efecto corroborante y pueden ser usadas como el consomé, estas sopas son comidas robustas y sustanciosas y, con frecuencia constituyen el plato principal que, precedido de los infaltables entremeses, viene luego completado con verduras, ensaladas y queso.

La sencillez de su preparación era apreciada tradicionalmente en los monasterios donde, según la regla ortodoxa, no era admitida la presencia de personas laicas y los monjes debían proveer personalmente en la preparación de la comida. Característica de estas sopas es también la posibilidad de conservarlas y consumirlas en los días siguientes, frecuentemente con ventajas de su calidad.

Se puede percibir que los ingredientes de los cuales se componen estas sopas son los mismos (trigo, cebada, todo tipo de legumbre, carne de cordero y de pollo) que Xenofonte dice haber encontrado en abundancia como provisiones invernales en las casas armenias cuando, en el 400 a.C cruzó las regiones de Armenia con sus diez mil griegos en retirada.

Sopa de limón

-Griega-

Ingredientes

1 1/2 lt de caldo de gallina
50 g de arroz de grano largo
4 huevos
Jugo de 1 limón
1 cdita. de sal
1/2 cdita. de pimienta blanca

Procedimiento

Colocar a hervir el caldo de gallina. Lavar el arroz, escurrirlo y añadir el caldo hirviendo. Tapar y hervir a fuego lento durante 15 a 20'. Mientras tanto batir los huevos hasta que estén ligeramente espumosos. Añadir poco a poco el zumo de limón; batir ahora enérgicamente con el batidor. Retirar 250 c.c. de caldo de gallina hirviendo y mezclarlo lentamente con la preparación de huevos y zumo de limón. Sacar el recipiente con el caldo de gallina del fuego y verter lentamente la salsa de huevos y limón en el caldo sin dejar de remover enégicamente con el batidor. Calentar otra vez la sopa, pero no dejar que vuelva a hervir. Condimentarla con sal y pimienta, y dejar reposar 5' antes de servir.

Sopa ácida de zapallo

-Tutumí Abur-

Ingredientes

1 1/2 litro de caldo de carne
3/4 kg de zapallos
1 lata de tomates o 6 tomates naturales
4 dientes de ajo
100 c.c. de jugo de limón
2 cditas. de menta seca
1 cdita. de ají molido

Procedimiento

Lavar y cortar el zapallo en cubos pequeños, salar y dejar reposar 10 minutos, luego lavar varias veces, hasta eliminar la sal. Dar un ligero hervor al caldo e incorporar todos los ingredientes, es decir, el zapallo, los tomates pelados y picados, los dientes de ajo fileteados y el limón. Dejar cocinar a fuego lento, hasta que el zapallo se tiernice. Una vez cocido se le adiciona la menta y el ají molido.

Sopa de cebollas
-Sojí Abur-

Ingredientes

1 kg de tapa de nalga
1 1/2 kg de cebollas chicas
50 g de garbanzos
2 lt de agua
1 lata de tomate
1 cda. al ras de conserva de tomate, sal y pimienta

Procedimiento

Remojar los garbanzos durante toda la noche. Cocinar a fuego moderado la carne cortada en pequeños cubos sumergidos en el agua calliente con la sal, antes de hervir espumar, incorporar los garbanzos escurridos, continuar la cocción, hasta obtener un caldo espeso, en ese instante adicionar los cebollas peladas y cortadas en 4 partes, dejar hervir por 30 minutos, incorporar el tomate triturado y la conserva. Seguir la cocción por 30 minutos más. Servir espolvoreado con pimienta negra del molinillo y arroz Pilav.

Cazuela de trigo entero
-Herise-

Ingredientes

500 g de trigo entero
500 g de carne de asado

1 cebolla grande
50 g de manteca
2 cditas. de canela
1 cdita. de clavo de olor
Sal y pimienta

Procedimiento

Lavar muy bien el cereal y hervir junto con la carne y la cebolla finamente picada durante 1 1/2 hora. En ese punto retirar y dejar entibiar; procesar todos los ingredientes y continuar la cocción con el recipiente cubierto a fuego moderado por espacio de 40 minutos más. Incorporar más líquido de ser necesario. Salpimentar y al servir disponer sobre cada plato manteca disuelta, espolvoreando con canela y una pizca de clavo de olor.

Cazuela de habas frescas
-Full-

Ingredientes

1 kg de habas frescas
300 g de carne cortada en cubos
1 cebolla grande
2/3 dientes de ajo en láminas
3/4 kg de tomates picados
1 ají morrón picado
1 pizca de azúcar
Sal, pimienta y ají molido a gusto

Procedimiento

Limpiar las habas, cortar los cabos. En una cazuela rehogar la carne, agregar la cebolla en juliana, ajos, las habas y la sal. Remover sacudiendo la cazuela, hasta que tome un color verde oscuro; adicionar el morrón, pimienta, azúcar y por último los tomates. Tapar y cocinar a fuego lento hasta la cocción de las habas.

Servir caliente con salsa de yogur perfumada con ajo pisado en mortero.

Cazuela de membrillos

-Plato de vigilia-

Ingredientes

1 kg de membrillos
1/2 kg de cebolla
1 kg de tomates
2 cdas. de azúcar
2 cdas.de aceite de oliva
Sal y pimienta

Procedimiento

Pelar las cebollas, cortar en julianas finas y rehogar en el aceite unos minutos, luego incorporar los tomates pelados y sin semillas, bien picaditos. Cocinar 10 minutos e incorporar los membrillos, sin pelar, cortados en gajos, condimentar, con azúcar, sal y pimienta. Continuar la cocción durante 45' más. Servir frío.

Cazuela de manzanas

-Jntzori Dabag-

Ingredientes

1 kg de manzanas verdes
3/4 kg de lomo o nalga cortada en cubos
5 cebollas medianas cortadas en juliana
100 c.c. de zumo de limón
3 cditas. de azúcar
50 g de manteca
1 taza de caldo hirviendo
Sal y pimienta a gusto

Procedimiento

En una cazuela dorar la carne con manteca, retirar, rehogar la cebolla muy bien. Incorporar la carne, el caldo, salpimentar, tapar y cocinar a fuego lento hasta que se reduzca el caldo. Aparte cortar en cuartos las manzanas, disponerlas sobre la carne y rociar con el jugo de limón. Tapar y cocinar hasta que se tiernicen las manzanas.

Cazuela de puerro con yogur a la menta

Ingredientes

1/2 kg de costillitas de cordero
3/4 kg de puerros
400 c.c. de yogur
2 cdas. de menta seca
Sal gruesa y pimienta

Procedimiento

Se hierven las costillitas de cordero, antes de que se tiernicen incorporarles los blancos de puerros, cortados medianamente grandes y dejar que se cocinen lentamente. Una vez hecho, se retira del fuego y se mezcla una porción del caldo con el yogur y la menta y luego se le incorpora al resto de la preparación, siempre revolviendo, sin dejar que hierva. Este exquisito plato se acompaña con timbal de arroz Pilav.

Kofte con salsa de yogur
-Mazun Kofté - Armenio-

Ingredientes

500 g de carne de nalga o bola de lomo procesada
400 g de trigo doble fino
200 g de manteca
150 g de nueces
Sal, pimienta
Caldo de carne de cordero
400 c.c. de yogur natural
2 cdas. de menta

Procedimiento

Se amasan juntos la carne de nalga y el trigo, se condimenta, se separan en pequeñas porciones, se ahuecan y se van rellenando con manteca salpimentada y nueces picadas. Se procede a realizar el caldo, una vez hecho, se le van incorporando los pequeños koftés hasta que se cocinen, luego se toma una porción del caldo y se va mezclando con el yogur y la menta, procediendo luego a unir ambos ingredientes, o sea, el caldo con el yogur y el caldo del recipiente, siempre revolviendo, para que no se corte. Servido caliente resulta una cazuela exquisita.

Guiso de lentejas y trigo
-Mudjetere-

Ingredientes

1 taza de lentejas
1 taza de trigo grueso
1 cebolla grande picada
100 g de manteca o aceite
Sal y pimienta a gusto
4 tazas de agua

Procedimiento

Lavar las lentejas y cocinar lentamente con el agua hasta que se tiernicen; incorporar el trigo y continuar la cocción.

Una vez a punto, incorporar la mitad de la cebolla previamente rehogada en manteca; la otra mitad se utiliza para cubrir la preparación terminada.

Se sirve con guarnición de Ensalada "Yayic" (yogur y pepinos).

Cazuela de bamia

Ingredientes

500 g de carne de paleta, tapa de nalga o cuadril
1/2 kg de bamia
2 cebollas grandes
1 ají morrón grande

2 dientes de ajo
1 taza de perejil picado
2 tomates frescos picados
1 cda. de extracto triple de tomate
Sal, pimienta, ají molido, pimentón y kimión a gusto
Jugo de 1 limón
Aceite, cantidad necesaria

Procedimiento

Rehogar la carne cortada en pequeños cubitos con la cebolla, el ajo, el ají en un poco de aceite de buena calidad, luego se le incorporan las bamias, se deja cocinar unos minutos e inmediatamente se le incorpora el jugo de limón, se condimenta y al final se le incorpora el perejil. Este exquisito plato se acompaña con arroz Pilav.   `

Cazuela de chauchas

Ingredientes

3/4 kg de chauchas
250 g de carne picada
1/2 kg de tomates picados
1 cebolla grande picada
2 dientes de ajo en rodajas
1/2 taza de puré de tomates
1 ají morrón picado
1/2 cucharadita de azúcar
Sal, pimienta y ají molido a gusto

Procedimiento

Cortar los cabos de las chauchas y los hilos de los bordes, partir en dos a lo largo, lavar bien. Rehogar la cebolla y el ajo con la carne, agregar la sal, luego las chauchas, remover sacudiendo la cazuela hasta que tomen un color verde oscuro, adicionar el ají morrón, azúcar, ají molido, pimienta, puré de tomates y por último los tomates picados, tapar y cocinar a fuego lento hasta la cocción de las chauchas.

Albóndigas de carne y pollo con yogur

-Mazun kefté-

Ingredientes

250 g de bulgur molido fino
170 c.c. de agua fría
450 g de cordero o cerdo muy magro picado dos veces
1 cebolla picada fina
2 cditas.de sal
80 g de manteca cortada en cubitos
600 g de pollo cortado en cubitos
350 g de yogur tipo denso
1-2 huevos batidos
1 cda. de manteca
1 cda. de menta fresca picada

Procedimiento

En un bol colocar en remojo el bulgur en el agua por 20 minutos; después se incorpora la carne con cebolla sal y ají picante.

Trabajar estos ingredientes con las manos y pasar el compuesto por algunos minutos en una procesadora para obtener una mezcla homogénea (si es necesario agregar alguna cucharada de agua).

Poner en el freezer, mientras tanto, los cubitos de manteca para poder trabajarlos mejor.

Subdividir el compuesto de carne en bolitas de alrededor de 2,5 cm. de diámetro (serán unas 40).

Con el pulgar de la mano hacer una cavidad en cada bolita. Introducir un cubito de manteca, cubrir y girar entre las palmas de las manos para darles una forma redondeada u ovalada.

Durante esta operación mojarse las manos frecuentemente en agua para evitar que se tornen pegajosas. Ahora colocar los trozos de pollo en una olla profunda; cubrir con agua y sal y hervir a fuego elevado. Bajar luego la llama y dejar cocinar hasta que la carne de pollo esté tierna (30-40 minutos).

Retirar después de eso los trozos de pollo de la olla y reservar en caliente.

Filtrar el caldo, llevarlo otra vez a ebullición y colocar las esferitas de carne cuidando que queden bien sumergidas. Si el caldo es poco, agregar agua.

Continnuar la cocción a fuego moderado no más de 5 minutos y juntar en ese momento los trozos de pollo y el huevo previamente batido con el yogur con un cucharón de caldo. Disminuir el fuego y dejar saborizar por algunos minutos la carne en el caldo. Freír mientras tanto la menta picada con un poco de manteca y disponerla sobre la carne en el momento de servir.

PILAF

PILAF

El nombre pilaf indica esencialmente un tipo de preparación y de cocción de los cereales que consiste en hacer tostar brevemente los granos en manteca o aceite, de modo que resulten revestidos por una película que impida que se exfolien o se peguen entre ellos en el cocimiento.

Se fue sucesivamente difundiendo también el uso persa de la cocción del arroz al vapor.

Actualmente el cereal más usado para la preparación del pilaf es el arroz, pero en la cocina armenia tienen todavía un gran lugar el pilaf a base de trigo pisado, de cebada perlada, de trigo cocido en agua y después secado al sol y triturado: este último conocido en todo Medio Oriente con el nombre de "bulgur".

El bulgur constituía una ingeniosa respuesta a las dificultades de conservar el trigo hasta la época de la nueva cosecha. La sucesiva y cuidadosa disecación constituía la mejor prevención que impedía la formación de mohos y garantizaba la conservación del típico sabor del trigo, aun después de una larga conservación.

El trigo así tratado era después triturado de 3 maneras distintas : las medidas más finas son usadas en la preparación de ciertos kefte (bolitas de carne picada) o del tabule (ensalada de trigo). La medida más grande sirve, en cambio, para la preparación de pilaf muy sabroso.

El trigo y la cebada son en efecto cereales propios de la región armenia, donde las primitivas formas originarias de trigo y cebada eran cultivadas desde la época del Neolítico (9000-7000 a.C). El arroz fue introducido en Armenia más tarde, a través de las relaciones militares y comerciales con Persia.

El pilaf constituye el plato central más frecuentemente presente en las comidas armenias: en su forma más sencilla sirve como guarnición que puede acompañar cualquier plato de carne y verduras. En sus formas más ricas y fantasiosas constituye el festivo centro de la mesa y una comida por si sola completa y satisfactoria. La reputación de buena cocinera que el ama de casa armenia puede conquistar está dada pór la variedad y calidad de los pilaf que sepa preparar y presentar a los invitados.

A menudo en las familias armenias el pilaf es preparado en cantidad suficiente para varios días: y, recalentando en el horno, mejora su sabor.

Arroz al vapor
con papas doradas
-Sbidag pilaf-

Esta preparación es particularmente usada entre los Armenios en Persia. se trata de un arroz cocido al vapor después de dejarlo en remojo algunas horas y cocido en agua.

Ingredientes

500 g de arroz grano largo
50 g de manteca
2 papas medianas
80 c.c. de agua
1 cda. de aceite de oliva

Procedimiento

Poner en un bol el arroz y cubrirlo con abundante agua fría, salada con 2 cucharadas de sal. Dejarlo reposar de 4 a 8 horas, después escurrirlo.

Poner en el fuego una cacerola con agua fría salada y el arroz, llevar a ebullición: apenas suban a la superficie los primeros granos, sacar del fuego y escurrir.

Mientras tanto pelar las papas y cortar en rodajas gruesas de 1/2 cm; dorarlas rápidamente en la manteca de los dos lados. Cuando las papas llegaro a 3/4 de su cocimiento, sacar del fuego y disponerlas en una fuente de vidrio con borde alto hasta forrar el fondo, luego disponer el arroz en forma de cono. Con un tenedor hacer un camino en el centro del cono para que pueda salir el vapor.

Poner ahora el agua condimentada con una cucharada de aceite, probar y eventualmente rectificar la sal, luego cubrir la fuente con un repasador, que se mantendrá cerrado con la ayuda de una tapa y cocinar a fuego bajísimo por 10'. .Apagar el fuego y dejar reposar todavía 5' más.

Para servir: después de sacar la tapa y el repasador, apoyar un plato de servicio sobre la fuente. Dar vuelta de modo que el arroz resulte recubierto por una costra dorada formada por las papas.

Es un arroz muy liviano y poco condimentado; acompaña muy bien los guisos de carne y verdura.

Arroz pilaf con crocante

-Nushov pilaf-

Ingredientes

500 g de arroz grano largo
120 g de manteca
1 lt de agua hirviendo o caldo de carne
Sal
60 g de pasas de uva de Corinto
60 g de almendras peladas y fileteadas
3 cdas. de perejil picado
1 cda.de cáscara de naranja fileteada (solamente la parte amarilla)
1 puñado de fideitos (cabello de ángel)

Procedimiento

Derretir 70 g de manteca en una cacerola, juntar el arroz y mezclar hasta que los granos estén brillantes y transparentes. Agregar el agua hirviendo (o el caldo) y la sal, cubrir y dejar hervir por 20 minutos. Terminada la cocción, mezclar delicadamente con un tenedor; sacar del fuego y cubrir con un repasador, luego poner otra vez la tapa.

En otra cacerola derretir 30 g de manteca, poner las almendras y las pasas de uva y dejarlas tostar ligeramente, después de eso juntar al arroz mezclando suavemente. Tostar los cabellos de ángel desmenuzados en el resto de manteca, disponer el arroz en una fuente y servirlo esparcido con el perejil picado, la cáscara de naranja y los cabellos de ángel.

Pilaf campesino

Ingredientes

250 g de carne picada
1 taza de trigo burgul
1/2 kg de tomates picados o su equivalente al natural
2 cebollas chicas picadas
1 ají morrón picado

2 tazas de agua hirviendo
Sal, pimienta y ají molido a gusto

Procedimiento

Rehogar la cebolla con la carne y sal, agregar el tomate, morrón, pimienta y ají molido a gusto. Dejar cocinar a fuego lento 10', incorporar el trigo, adicionar el agua hirviendo, rectificar los condimentos, cocinar a fuego lento hasta que se consuma todo el jugo.

Arroz pilaf

Ingredientes

2 tazas de arroz
1 taza de fideo entrefino
150 g de manteca
5 tazas de agua hirviendo
Pimienta molida y sal gruesa a gusto

Procedimiento

Freír en 50 g de manteca los fideos, hasta que se doren, luego incorporar el arroz bien lavado (con agua fría) y el resto de la manteca; rehogar muy bien, siempre revolviendo con cuchara de madera. Agregar el agua hirviendo y dejar cocinar lentamente; 5' antes de finalizar la cocción agregar la sal. Dejar reposar 10' y espolvorear con pimienta negra. Resulta excelente guarnición para la mayoría de los platos de la Cocina Armenia.

Arroz pilaf con zanahorias fritas

Ingredientes

2 tazas de arroz
150 g de zanahorias en julianas finas

1 cebolla chica picada
100 g de manteca
4 tazas de caldo
Sal y pimienta a gusto

Procedimiento

Freír con 50 g de manteca la cebolla y las zanahorias hasta que se tiernicen, agregar el resto de la manteca, el arroz lavado y rehogar durante 3 minutos. Adicionar el caldo, sal a gusto, tapar y cocinar a fuego lento por espacio de 9 minutos. Apagar el fuego y dejar reposar 8 minutos; revolver y espolvorear con pimienta.

Arroz a la persa

Ingredientes

400 g de arroz
130 g de manteca
100 g de nueces
100 g de almendras
100 g de pasas negras sin semilla
2 cubitos de caldo
Sal y pimienta a gusto

Procedimiento

Dorar el arroz en la manteca, incorporar el caldo disuelto en 700 c.c. de agua, al final de la cocción, salpimentar. La mitad de las frutas secas, rehogadas en manteca incorporar al arroz y colocar el resto en su superficie, luego de haberlo moldeado en un savarín. Servir de inmediato.

Arroz malaca

Ingredientes

2 tazas de arroz
3 cdas. de aceite de maní

2 tazas de pechuga en trozos
1/2 taza de pasas sultanas
3 cdas. de piñones
Sal y pimienta a gusto

Procedimiento

Colocar en una cacerola el aceite, freír en él los trozos de ave, retirarlos y reservar. Colocar en el mismo recipiente el arroz, saltearlo y cubrir con agua hirviendo. Condimentar con sal y pimienta.

Dejar cocer el arroz 15' y agregar las pasas, los piñones por último los trozos de ave. Servir bien caliente.

Cazuela de arroz con pasas
-Reshte Polo - Persa-

Ingredientes

1 kg de lomo
2 cebollas chicas
150 g de manteca
100 g de pasas rubias
200 g de fideo fino
500 g de arroz doble
6 tazas de caldo (carne)
1 cdita. de cúrcuma
Sal y pimienta

Procedimiento

Cortar el lomo en dados pequeños y rehogar con la cebolla en 75 g de manteca a fuego vivo, revolviendo constantemente, durante 15 minutos, agregar la cúrcuma, la pimienta, la sal y 1 taza de caldo hirviendo; cocinar a fuego lento, hasta tiernizar. Con los 75 g de manteca restante, dorar primero las pasas y retirar, luego dorar los fideos e incoporar el arroz previamente lavado, tostar unos minutos, agregar las pasas, 5 tazas de caldo restante, mezclar bien, condimentar, tapar y cocinar a fuego lento durante 10 minutos. Retirar y dejar reposar 10 minutos más; disponer en una fuente , colocando la carne en el centro y servir.

Trigo con fideos fritos

-Shaaraiov Bulgur-

Ingredientes

250 g de trigo burgul grueso
200 g de fideos finos
1 cebolla chica
2 tomates
100 g de manteca
5 tazas de calvo (ave)
Sal y pimienta

Procedimiento

Freír en 50 g de manteca los fideos finos cortados, hasta dorar, agregar el trigo, rehogar revolviendo continuamente, incorporar el caldo hirviendo, la sal, los tomates chicos rallados y dejar cocinar a fuego lento por espacio de 40', hasta que los granos de trigo estén tiernos. En ese momento en los 50 g de manteca restante rehogar la cebollita finamente picada e incorporar a la preparación anterior, espolvoreando con pimienta recién molida.

MASAS
Y
PASTAS

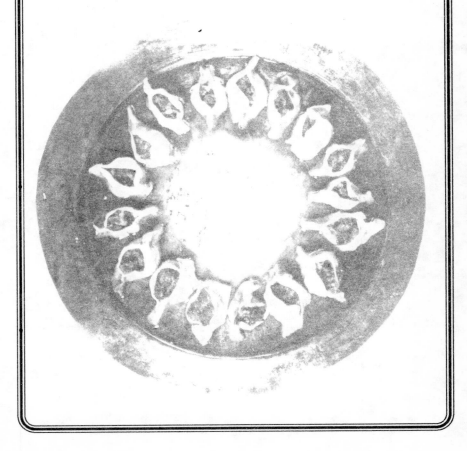

MASAS Y PASTAS

Desde chicas las mujeres armenias aprenden el arte de extender la masa muy delgada, como una hoja de papel y, con estas hojas, saben preparar comidas extraordinariamente apetitosas: entre ellas están los manti, pequeños barquitos de masa rellenas con gheima, que vienen antes tostados al horno y después servidos con caldo y yogur.

El su-berek es preparado con hojas de masa cocida en agua, un plato suntuoso que recuerda en cierta manera el timbal de lasaña italiano.

La serie de berek cocinados al horno o fritos: arrolladitos de masa de hojaldre que pueden contener los más variados rellenos son usados como entremeses o componentes de una comida. Las hadig son minúsculos ñoquis de masa que acompañan como complemento los pilaf y son cocinados en agua y condimentados con manteca derretida. Las mujeres de la casa tenían en la mano izquierda una bola de masa de la cual, con un pellizco por vez, tomaban con la derecha una pequeña cantidad que, con un rápido giro entre el pulgar y el índice, transformaban en un pequeño ñoqui, del doble del tamaño de un grano de arroz. Estos pequeños ñoquis eran después desecados y conservados en jarros de barro cocido, listos para ser utilizados.

Los lah magiun son pequeños discos de masa sobre los cuales, antes del rápido cocimiento sobre una plancha de hierro sobrepuesta en las brasas, se disponía una mezcla de carne picada y especias o también una sabrosa combinación de nueces y verduras desmenuzadas.

Masa de berek
-Receta base-

Ingredientes

1 huevo
2 cdas. de yogur
30 c.c.de agua
1/2 cditas. de sal
2 cdas. de aceite
400 g de harina
250 g de fécula de papas omaíz para usar cuando se abre la masa así las hojas no se pegan entre ellas.

Procedimiento

En un bol batir el huevo con un tenedor, juntar el yogur, el agua, la sal y el aceite y mezclar bien por 2 minutos. Poner la harina sobre la mesada y hacer una cavidad en el centro; ir poniendo lentamente el compuesto líquido y hacer una masa de mediana consistencia.

Dividir la masa en 12 porciones, colocarlas en una placa que pueda ir al horno esparcida con fécula y dejar reposar 2-3 horas, cubiertas con un repasador ligeramente humedecido. Espolvorear con fécula la mesada, así como la superficie del palo de amasar (que debe tener un diámetro no superior a 3 cm. y un poco menos de un metro de largo). Se utiliza este palo de amasar fino porque da la posibilidad de envolver toda la hoja y abrirla más fácilmente, haciendo correr una ligera presión partiendo del centro hacia los lados.

Cuando la masa está lista, tomar una porción a la vez y estirarla hasta hacer una hoja fina de 30 cm de diámetro, utilizando un palo de amasar normal. Después de haber estirado 3, apilar una sobre la otra esparciendo fécula para evitar que se peguen.

Las 12 porciones de masa servirán para hacer 4 pilas de 3 hojas redondas. Extender con el palo de amasar normal una pila a la vez, continuar con el palo largo y fino, hasta que cada serie de tres hojas se transforme en un rectángulo de alrededor de 25x90 cm. Cortar ahora esta primera serie de 4 rectángulos en 3 partes de 25x30 cada una. Poner aparte cubierta con un repasador húmedo. Cuando todas las pilas de 3 hojas estén extendidas, resultarán 36 tiras de 25x30 cm. que por efecto de la fécula se mantendrán siempre separadas.

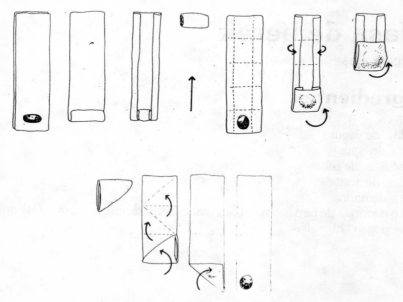

Variante

Si no se desea preparar la masa y las hojas, se pueden utilizar las ya preparadas de los negocios especializados, generalmente bajo la denominación de "Fillo" (v. glosario).

Confección de los diversos tipos de arrolladitos

Para obtener los PAQUETITOS EN TRIÁNGULOS se debe proceder del siguiente modo: Tomar una tira de masa por vez y tener las otras bien cubiertas con un repasador humedecido, si se secan serán muy difíciles utilizarlas. Recortar la hoja en dos rectángulos de 15x25 cm. Pincelar cada tira con manteca derretida y replegarla en el sentido del largo de modo que se obtengan tiras dobles. Distribuir una cucharada del relleno deseado dejando alrededor de 2,5 cm. de distancia de las orillas de uno de los lados más cortos; doblar y arrollar la hoja según el dibujo.

Para obtener los ARROLLADOS EN FORMA DE CIGARRO proceder de la siguiente manera: Pincelar con manteca derretida los rectángulos obtenidos de las hojas; sobreponerlos de dos en dos de modo de obtener tiras dobles. Distribuir una cucharada del relleno deseado dejando alrededor de 2,5 cm. de distancia del margen de uno de los lados más cortos, doblar y arrollar la hoja según el dibujo.

Para obtener los PAQUETITOS CUADRADOS se debe proceder así: Recortar la hoja en dos rectángulos de 15x25 cm; pincelar cada tira con manteca derretida y doblarla, en el sentido del largo de modo de formar tiras de 7,5x2,5 cm; disponer una cucharada del relleno deseado en correspondencia de uno de los lados cortos del rectángulo, luego doblar según el dibujo.

Conocimiento de los berek

Los berek pueden ser cocidos al horno y también fritos.

Berek al horno

Disponer los paquetitos sobre una placa de horno enmatecada y pincelar con manteca derretida; precalentar el horno a 180 grados y dejarlos cocinar cerca de 20-30 min. o hasta que estén bien dorados.

Berek fritos

Sumergir los paquetitos en aceite moderadamente caliente (no debe ser humeante) y después que se doren, disponerlos sobre papel de cocina para absorber el exceso de aceite.

Los arrolladitos generalmente se cocinan mejor en horno porque durante la fritura pueden abrirse.

Berek relleno de zapallitos largos

Ingredientes

2 zapallitos largos picados finamente
Sal
50 g de parmesano rallado
2 huevos batidos
1 cda. de perejil picado
Pimienta

Procedimiento

Poner en un plato los zapallitos, esparcir con sal y dejar reposar cerca de media hora, después exprimirlos para hacer salir toda el agua posible y ponerlos en un bol; juntar el parmesano, los huevos, el perejil y la pimienta y amalgamar todo muy bien.

Berek de la abuela

-Mezmairighis berek-

Ingredientes

Masa (20 berek)

250 g de harina
1/2 cucharadita de sal
80 c.c. de agua tibia
1 cda. de aceite

Relleno

100 g de fontina
100 g de gruyere
30 g de parmesano rallado
50 g de cebolla cortada y dorada en 30 g de manteca
2 cdas. de perejil picado
60 g de manteca derretida para pincelar la masa

Procedimiento

Hacer una masa blanda con harina, sal y agua tibia; trabajarla por algunos minutos, después unir una cucharada de aceite y trabajar todavía bien la masa, luego dejarla reposar por un par de horas, en un recipiente cerrado. La masa puede también ser hecha un día antes y conservada en heladera; sacarla un par de horas antes de utilizarla. Mientras tanto preparar el relleno: desmenuzar el fontina y gruyere en dados bien pequeños, juntar el parmesano rallado, la cebolla dorada y el perejil. Mezclar bien todo. Subdividir la masa en 4 porciones para trabajar sucesivamente. Poner una porción sobre la mesada enharinada y, con un palo de amasar largo y fino (el diámetro no debe pasar los 3 cm) extender en una hoja fina (de 40x36 cm).

Para obtener más fácilmente este resultado, espolvorear con fécula tanto el palo de amasar como la superficie de la masa de hojaldre, luego arrollarla toda alrededor del palo de amasar partiendo del centro hacia los lados imprimiendo una ligera presión.

Abrir y arrollar la masa de esa forma hasta obtener el efecto deseado. (La fécula facilita que la masa sea extendida sin dificultad).

Pincelar ahora la hoja con manteca derretida, replegarla en tres capas, luego colocar aparte para descansar, cubierta con un repasador ligeramente humdecido. Repetir el mismo procedimiento con las otras tres porciones de masa. Estirar nuevamente las hojas una por vez, con un palo de amasar normal.

Para agilizar el trabajo, se puede usar una máquina de amasar fideos; en este caso dividir la masa en porciones más chicas y pasarlas por la máquina para obtener tiras las más finas posible; una vez que salieron del rollo, tomarlas con las manos y, extender delicadamente hasta obtener hojas casi transparentes. Apoyarlas sobre la mesa de trabajo, pincelar con la manteca derretida y disponerlas en tres capas,luego reposar por unos 10 minutos, cubiertas siempre con un repasador ligeramente humedecido, estirarlas suavemente con el palo de amasar.

Hacer ahora discos de hojas de cerca de 12 cm de diámetro, colocar en el centro de cada uno un poco de relleno y plegar el disco sobre sí mismo obteniendo una empanada en forma de media luna. Sellar bien los bordes con los dedos, luego tomar el berek en la mano izquierda y con el pulgar y el índice de la derecha, doblar sobre sí mismo el borde imprimiendo una cierta presión de manera que se forme una especie de repulgue que impedirá que el relleno salga durante la cocción. Continuar de ese modo hasta que se termine, la masa. Dejar reposar los berek por 1 hora (pueden también ser confeccionados algunas horas antes o pueden también ser congelados), luego freírlos en abundante aceite de oliva y cuando suban a la superficie, dejar que se doren bien de los dos lados; dejarlos después escurrir algún minuto sobre un papel absorbente de cocina. Servirlos calientes.

Nota: En lugar de darles la forma de medialunas se les puede dar la forma de paquetitos triangulares o cuadrados.

Berek rellenos al horno

-Burekia-

Ingredientes

Masa

(Estas cantidades son para 50 paquetitos)

300 g de harina 00
1 huevo
100 g de manteca derretida
Poca agua, sal

Relleno

250 g de queso feta desmenuzado
2 cdas. de perejil picado

Procedimiento

Amasar la harina con el huevo, manteca, sal y agregar agua necesaria para hacer una mezcla suave y elástica. Dejar reposar cubierto por cerca de 1 hora. Mientras tanto preparar el relleno desmenuzando el queso feta e incorporar el perejil. Abrir la masa con un palo de amasar en una hoja fina y con un cortador de masas cortar discos de cerca de 7 cm. de diámetro. Colocar en el centro de cada disco una cucharadita de relleno. Humedecer los bordes con agua y plegarlo en forma de medialuna. Para sellarlo apretar los bordes humedecidos de la masa entre el pulgar y el índice. Poner el berek sobre una plancha enmantecada y después de haberlos pincelado con huevo batido colocar en el horno a calor moderado por media hora. Servir caliente.

Su-berek rellenos de queso y perejil

Ingredientes

Masa

100 g de harina
4 huevos enteros
1 cdita. de sal
1 cdita. de aceite
180 g de manteca derretida

Relleno

Mezclar bien los siguientes ingredientes:
250 g de queso fontina cortado en daditos
50 g de parmesano rallado
250 g de queso feta cortado en daditos
4 cdas. de perejil picado
1 cda. de sal

Procedimiento

Para la cocción se utiliza una olla redonda con diámetro de cerca de 32 cm y con bordes altos de 6 cm.

Preparar la masa batiendo los huevos en un bol; agregar la sal y el aceite, luego la harina hasta obtener una masa de consistencia mediana. Dividirla en 8 partes en forma de bollos de las cuales dos deben ser un poco más grandes, y cubrirlas con un repasador dejándolas reposar por media hora. Colocar a hervir en una olla abundante cantidad de agua salada y 3-4 cucharadas de aceite. El agua servirá para cocinar las hojas de masa y el aceite evitará que se peguen entre ellas. Estirar luego con un palo de amasar largo y fino los seis bollos de masa en hojas redondas lo más fino posible y cuyo diámetro corresponda al de la asadera.

A medida que estén listas, sumergir una por vez en el agua hirviendo y dejarlas cocinar "al dente": 1 minuto y medio a 2 dos minutos. Retirar inmediatamente las hojas del agua teniendo cuidado de que no se rompan y pasarlas rápidamente en agua fría para detener la cocción. Colocar para secar sobre un repasador lejos una de la otra.

Los dos bollos restantes servirán crudos para forrar la asadera y recubrir el berek. Estirar la primera hoja hasta que tenga el diámetro de la asadera más los bordes, la asadera debe estar bien enmantecada. Colocar una hoja de masa cocida, pincelarla con manteca y poner una segunda siempre pincelando.

Disponer ahora la mitad del relleno: cubrirlo con una hoja de masa cocida, pincelar con manteca y colocar otra hoja, pincelar y poner la otra mitad del relleno.

Cubrir con las restantes hojas de masa cocida siempre pincelando con manteca derretida. Recoger bien los bordes de la hoja de masa cruda alrededor de las hojas cocidas superpuestas. En este instante, estirar el último bollo de masa haciendo una hoja ancha como la asadera más los bordes. Colocarla sobre las capas de masa, con los bordes en la parte exterior envolviendo todo lo que ya esta adentro, hacer eso con la ayuda de una espátula. Pincelar la superficie con manteca derretida.

Cocción

El su-berek se cocina preferentemente sobre el gas a calor moderado, girando lentamente la cazuela de modo que toda la superficie inferior se dore uniformemente. Después de media hora, con un plato untado de aceite de la misma dimensión de la asadera, girar la torta de queso como una omelette, juntar un poco de manteca en la cazuela, dejar deslizar la torta y cocinar el otro lado como el primero, por media hora.

Se puede cocinar el su-berek también al horno a 170 grados alrededor de 30-40' pero el resultado no es óptimo. Cortar el su-berek en rombos y servir caliente.

Nota: Para simplificar la preparación, la masa destinada al cocimiento puede ser abierta también a máquina, lo más fino posible. Las tiras obtenidas serán colocadas una al lado de la otra en la cazuela, obteniendo un resultado satisfactorio. Este plato puede ser preparado tranquilamente con un día de anticipación tomando el cuidado de cubrir la asadera con una película de plástico o papel de aluminio para que la hoja superior del su-berek no se seque y se rompa luego de la cocción; de esa manera puede también ser congelado.

Variante: El su-berek es frecuentemente preparado con un relleno de carne. En este caso se procede como se indicó, sustituyendo el relleno de quesos con el gheima preparado con 500 grs. de carne.

Masa de paklavá

-Parag pazvaz hsdia-

Ingredientes

300 g de harina
70 c.c. de agua tibia
1 huevo
1/2 cda. de sal
60 g de manteca derretida

Procedimiento

En un gran bol colocar la harina tamizada con la sal, hacer una cavidad en el centro y poner una mezcla de agua, huevo y mitad de la manteca derretida, ligeramente batidos; mezclar hasta obtener una masa suave y muy bien amalgamada.

Pasar la masa a una mesa bien enharinada y trabajarla por lo menos 10 minutos con las manos hasta que se torne lisa y brillante con pequeñas ampollas en la superficie. Envolverla en papel manteca y dejarla reposar por 30 minutos bajo una olla previamente calentada.

Dividir la masa en 10 bollitos del tamaño de un huevo, untar una fuente y disponerlos uno al lado del otro.

Espolvorear la mesa con fécula, así como el palo de amasar y con él ensanchar cada bollito de masa hasta obtener un círculo de 20 cm. de diámetro (grande como un plato). Apilar los círculos poniendo entre ellos mucha fécula.

Tomar 2-3 círculos (máximo 5) para estirarlos como si fuera uno solo. Al comienzo usar un palo de amasar normal para agrandar el círculo, enseguida usar uno fino, de 2-3 cm. de diámetro y largo de 50 a 80 cm. esparcido con fécula. Arrollar los círculos apilados, sobre el palo de amasar largo. Presionar con los dedos, girando el palo y haciendo deslizar las manos y espolvorear posteriormente con fécula.

Enrollar nuevamente y girar hasta que se consigan láminas de masa lo más delgadas posibles.

Masa de knafe

Ingredientes

300 g de harina común
120 c.c. de agua fría
1 yema
1 pizca de sal

Procedimiento

Preparar la masa con la harina cernida, el agua, la sal y la yema. Afinar bien con el palo de amasar, incorporándole harina, de ser necesario. Luego pasar por el rodillo de la máquina para afinar masas (máquina que se utiliza en el hogar para fabricar pastas caseras), hasta dejarla tan delgada como un papel. Colocar sobre un lienzo enharinado y, cuando esté seca, pasarla por la misma máquina, cortando fideos tan finos como el cabello de ángel. De no disponer de dicha máquina, proceder de la siguiente manera: Tomar varias capas de masa, lo más delgadas posible; colocarlas una sobre la otra y arrollarlas; luego cortar porciones finísimas, de modo que vayan formándose los fideos.

Ir echándolos en un colador sobre baño de María y aunque se peguen, no revolverlos, ya que al cocerse, se despegarán solos. Dejar allí aproximadamente 30 minutos, cuidando que el colador no toque el agua y calce bien en la olla para que no pierda vapor. Retirar, dejar asentar y evaporar por 8 horas y luego utilizar, o bien reservar envuelto en un lienzo y luego en un polietileno, en la heladera para otra preparación.

Bollitos rellenos de hojaldre

Ingredientes

1/2 kilo de masa fila
400 g de manteca
1/4 kg de arroz
1/2 kilo de carne picada
1/2 kilo de menudo de cordero
100 g de piñones
100 g de almendras

50 g de pásas de uva sin semilla
1/2 lata de arvejas
1 cebolla chica
Sal, pimienta, azafrán

Procedimiento

Picar la cebolla y freír en 50 g de manteca, agregar la carne picada. Aparte freír los menudos y agregarlos a esta preparación, remojar el arroz con agua caliente, hervirlo en abundante agua, sal y azafrán, colarlo y agregarlo a la preparación, también los piñones previamente dorados en manteca junto con las almendras peladas y cortadas por la mitad, pasas, arvejas, sal y pimienta a gusto.

Cortar la masa fila de 15 x 15 cm; poner 4 capas una sobre otra untadas con manteca derretida, rellenar y formar un bollo. Colocarlos en asadera enmantecada a horno moderado hasta que se doren aproximadamente 15 minutos.

Bollitos rellenos de carne y yogur

-Mayemer - Arabe-

Ingredientes

1 kg de harina
200 g de manteca
750 c.c. de leche
1 cda. de sal.
50 g de levadura de cerveza.

Relleno

1 kg de cuadril
2 cebollas grandes
1 cda. de tahine
100 c.c. de limón
200 c.c. de yogur natural
Sal, pimienta y especias a gusto
8 huevos
Piñones para decorar

Procedimiento

Formar una corona con la harina y sal, en el centro disolver la levadura con la leche y manteca tibias, formar un bollo y dejar descansar en un recipiente bien tapado hasta que leve, hacer pequeños bollitos, dejar descansar nuevamente y colocarlo en asadera enmantecada a horno suave unos minutos (precocidos). Se forman niditos, colocar trocito de manteca en cada uno.

Para el relleno, colocar en un recipiente hondo la carne molida con la cebolla picada muy finita, previamente desflemada con sal gruesa y agua hirviendo, mezclar el tahine con el limón agregando la carne junto con los demás ingredientes. Mezclar muy bien. Rellenar los niditos sin apretar, para no apelmazar la carne, adornar con piñones y cocinar a horno moderado 30 a 40 minutos.

Delicias hojaldradas de hortalizas

Ingredientes

250 g de espinacas
100 g de queso gruyere
50 g de queso rallado
200 g de masa fila
1 huevo
Sal y pimienta a gusto
Manteca en cantidad necesaria
Semillitas de sésamo

Procedimiento

Cocinar las espinacas al vapor, desechar el líquido y rehogar con 30 g de manteca. Retirar, dejar enfriar, incorporar el queso rallado, el huevo y los condimentos a gusto y mezclar bien. Cortar la masa fila en tiras de 5 cm de ancho, pincelar con manteca y rellenar con una porción, cerrando luego en forma cilíndrica. Pincelar nuevamente con manteca y espolvorear con semillitas de sésamo. Hornear a temperatura moderada durante 30'.

Berek de carne

tatbila
Ingredientes

200 g de masa fila
250 g de carne molida
1 cebolla mediana picada
1/2 cdita. de ají molido
Pimienta y sal a gusto
Manteca, cantidad necesaria
Almendras y piñones (optativo)

Procedimiento

Rehogar la cebolla, incorporar la carne y las frutas secas y por último la sal, una vez finalizada la cocción, retirar, condimentar con los demás ingredientes y una vez frío proceder a rellenar los berek.

Doblar cada hoja de masa de los extremos hacia adentro, pincelar con la manteca derretida, colocar el relleno y proceder a formar un rectángulo, se pinta nuevamente con manteca, se espolvorea con semillitas de sésamo y colocamos en horno a temperatura elevada 5' y 25' a temperatura moderada.

Skanakopita

-Griego-

Ingredientes

1 kg de espinacas
10 cebollas de verdeo
1 1/2 taza de aceite
Sal, pimienta, eneldo
1/2 kg de queso feta
1/2 kg de masa fila

Procedimiento

Cortar las espinacas en tiras finas, exprimirlas con un poco de sal, rehogar las cebollas en un poco de aceite. Picar finamente el queso feta y mezclarlo con la cebolla y las espinacas, condimentando con eneldo picado y pimienta. Doblar una hoja de hojaldre y colocar en uno de sus extremos, 2 cdas. del relleno. Arrollar la hoja en forma de cilindro y colocarla en una asadera redonda, tratando de imitar la forma de un caracol, continuar hasta completar la asadera. Esparcir aceite por encima de la masa y cocinar en horno moderado, por espacio de 30'. **Variante:** Pueden incorporarse 1 ó 2 huevos al relleno.

Tiropita
-Griego-

Ingredientes

1/2 kg de queso griego, queso **feta**
2 1/2 tazas de leche
6 huevos
1 1/2 taza de de manteca o margarina
1/2 kg de masa de hojaldre (fila)

Procedimiento

Rallar el queso e ir incorporándolo al batido de los huevos con la leche. Derretir la manteca y untar con ella una asadera de 22 cm. x 32 cm., aproximadamente.

Colocar en la asadera dos hojas de masa y untarlas con manteca, sobre ésta, colocar una hoja de masa arrugada, esparcir parte de la preparación del queso y cubrir nuevamente con dos hojas de masa, repetir esta operación en el mismo orden hasta terminar con los ingredientes. Para finalizar, cubrir con dos hojas de masa bien pinceladas con manteca. Cortar la superficie en forma de rombos y cocinar a horno de temperatura moderada, por espacio de 45', aproximadamente. Optativamente puede incorporarse a la preparación, perejil finamente picado y pimienta recién molida.

Bulemas
-Sefaradí-

Ingredientes

500 g de harina común
100 g de puré de papa
1/2 cda. al ras de sal fina
1 huevo
250 g de queso rallado
Agua y aceite necesarios

Procedimiento

Colocar la harina en forma de corona e ir tomando la masa con el agua (250 c.c.) en donde se ha disuelto la sal fina, hasta obtener una preparación blanda y homogénea. Formar bollitos y colocarlos en un recipiente cubiertos de aceite hasta el día siguiente. Luego abrir y estirar uno por uno y dejarlos bien finitos y rellenarlos con la mezcla del puré con el queso rallado y el huevo, todo bien condimentado con pimienta del molinillo. Ir cerrándolos y disponiéndolos en una placa para horno con el cierre, boca abajo. Espolvorear con abundante queso rallado y hornear a temperatura elevada, para que resulten dorados y crocantes.

Empanaditas de "tahine"

Ingredientes

150 g de manteca
150 g de aceite (un pocillo)
3/4 taza de leche
1 cdita. de polvo para hornear
550 g de harina
Sal

Relleno

1 kg de cebolla picada
2 cdas. de pasta de maí o sésamo (Tahíne)
1 taza de hojas de hinojo bien picadita
Sal, pimienta y ají molido a gusto
Sésamo para la cobertura

Procedimiento

Picar las cebollas en finas julianas, condimentar con sal y rehogar en una sartén hasta que reabsorba todo su líquido, incorporar las hojas de hinojo, retirar del fuego; agregar el tahíne y los condimentos, colocar el relleno en heladera y preparar la masa.

Masa

Colocar en un bol, la manteca y el aceite, mezclar bien hasta unir, agregar la leche removiendo siempre, junto con la sal el polvo para hornear y la harina, de a poco, hasta lograr una masa suave, hacer bollitos y estirar uno por uno, colocar una cucharadita del relleno y cerrar, pincelar con agua azucarada y espolvorear con sésamo. Colocar en placas limpias y cocinar en horno moderado. Servir en el día.

Fideos a la Griega

-Pastichio-

Ingredientes

500 g de fideos spaghetti o vermichelli
120 g de manteca
6 huevos
120 c.c. de crema de leche.
2 cdas. de aceite de oliva
200 g de queso rallado
Agua en cantidad necesaria
Sal y pimienta a gusto

Relleno

250 g de rosbeef molido
2 cebollas
300 g de tomates
60 g de manteca
1 pizca de azúcar.
Pimienta, pimentón y sal a gusto

Procedimiento

Para preparar el relleno, rehogar la cebolla finamente picada en la manteca, adicionar la carne y revolver con cuchara de madera, incorporar los tomates triturados, la sal, el azúcar, el pimentón y la pimienta, cocinar hasta que el líquido se evapore. Dejar enfríar. Por otro lado, hervir los fideos en el agua, la sal y el aceite unos 15 minutos. Luego mezclar la manteca con los fideos, incorporar el queso rallado, a gusto, dividir la pasta en dos partes y disponer una de ellas en una fuente para horno, esparcir el relleno, espolvorear con queso rallado y sobre éste, el resto de la carne de los fideos. Rociar con crema de leche, cocinar a horno de temperatura moderada por espacio de 10 minutos, retirar y colocar de a poco los huevos, previamente batidos. Llevar nuevamente al horno hasta que los huevos cuajen perfectamente. Si deseáramos, podemos reemplazar los huevos por salsa blanca.

Ravioles armenios
-Mantí-

Ingredientes
1/2 kg de harina común
2 cditas. de sal
2 cditas. de aceite. de maíz
Agua en cantidad necesaria

Relleno
1/2 kg de carne de rosbeef molida
2 cebollas grandes
300 g de manteca
2 cditas. de salsa concentrada
Sal y pimienta a gusto

Salsa
1 lata de tomate
200 c.c. de yogur
3 dientes de ajo

Procedimiento
Colocar en un recipiente la carne, la cebolla rallada, luego incorporar la sal y la pimienta a gusto; por otra parte, hacer una masa semiblanda con la harina, sal, aceite y la cantidad de agua necesaria. Amasar bien y hacer unos bollos

pequeños, dejar reposar durante unos minutos y abrirlos bien finos. Cortar cuadraditos de 3 x 3 cm. aproximadamente. Colocar sobre ellos un poco de la preparación y cerrar de ambos lados, como moños. Colocar los mantí, uno al lado del otro, en asaderas bien enmantecadas; agregar un poco más de manteca por encima y cocinar en horno moderado hasta dorar. Retirar y echar por encima, caldo de galllina hasta cubrir; cocinar nuevamente hasta que absorba el caldo. Sacar del horno y cubrir totalmente con yogur, luego echar por encima manteca hervida. Para acompañar el plato pisar 2 ó 3 dientes de ajo y añadirle 1 taza de yogur o una lata de puré de tomates. Servir bien caliente.

Masa hojaldrada con queso

-Tertabanir Armenio-

Ingredientes
750 g de masa en hojas (fila)
300 g de manteca clarificada

Relleno
350 g de ricota
200 g de queso Mar del Plata
100 g de queso gruyere
650 g de muzzarella
2 cdas. de perejil picado

Varios
1 taza de leche
3 huevos
Sal y pimienta a gusto

Procedimiento
Derretir y clarificar la manteca, mantener tibia. Picar los quesos, agregar el perejil picado. Separar en dos partes iguales la masa, untar con la manteca tibia un recipiente para horno de 34x25 cm. más o menos, cortar cada hoja del

tamaño de la asadera (si resultaran más o hubieran recortes, se pondrán igual) y cada 4 ó 5 hojas dar pinceladas con la manteca hasta terminar una de las partes de la masa, sobre la última se extiende en forma pareja el relleno preparado y sobre éste, poner el resto de la masa repitiendo la operación anterior, enmantecando bien hasta las últimas 4 hojas. Con un cuchillo puntiagudo y bien filoso cortar en cuadrados del tamaño que se desee. Esparcir por encima la manteca restante. Batir los huevos con la leche, rociar la preparación y cocinar a horno fuerte 10', bajar y continuar la cocción hasta que esté dorada suavemente la superficie. Retirar y servir enseguida.

Nidos de tallarines al queso

-Zizernagui puiner- (nidos de golondrinas)

Ingredientes

Relleno

100 g de fontina
100 g de muzzarella
100 g de queso blanco (feta)
1/2 cucharada de ají picante rojo
1 huevo batido
1 cucharada de perejil picado

Nidos

1 cucharada de sal
1 cucharada de aceite
250 g de tallarines al huevo
40 g de manteca para condimentar
1 huevo batido
150 g de champiñones (cortados en rodajas y rehogados en 30 g. de manteca por 10 minutos)
40 g de manteca derretida para colocar sobre los nidos
1 cucharada de orégano.

Procedimiento

Preparar el relleno mezclando juntos en un bol los quesos picados y el resto de los ingredientes.

Colocar a hervir en una cacerola agua, sal y aceite. Echar los tallarines y dejarlos cocinar a fuego lento por 7-8 minutos o hasta que estén tiernos; escurrir, enjuagar con agua fría y escurrir nuevamente.

Disponer en una cacerola la manteca, dejarla derretir, poner los tallarines, apagar el fuego y mezclar.

Enmantecar una fuente para horno y proceder a la preparación de los nidos. Con unos 10 tallarines arrollarlos alrededor de los dedos de la mano para hacer un ovillo, luego disponerlos sobre la fuente y colocar unos tallarines en el fondo del ovillo, para formar el nido.

Cuando todos los nidos están completos, poner en cada uno una cucharada de relleno, luego pincelar la superficie con el huevo batido y finalmente en el centro rellenar con algunos champiñones. Rociar todo con manteca derretida y espolvorear con orégano, después de eso llevar la fuente al horno precalentado por 15-20' o hasta que los nidos resulten bien dorados. Servir muy caliente.

Empanadas abiertas y cerradas

Lahme Bayin o Sfija -Sefaradí-

Ingredientes

Masa

400 g de harina leudante
1 huevo
2 cdas. de aceite
Sal y agua

Relleno

600 g de tapa de asado molida (con un poco de grasa)
2 cebollas

3 tomates
1/2 taza de perejil picado
1 limón
1/2 cdita. de baharat (pimienta de Jamaica)

Procedimiento

Colocar en una fuente la harina, el huevo, el aceite y la sal, agregar el agua tibia y amasar bien hasta conseguir un bollo tierno. Dejar descansar una hora aproximadamente. Luego separar la masa en pequeñas porciones para formar bollitos. Después de 10 minutos, extender con el palo de amasar hasta conseguir tapas de empanadas finas y rellenar con la siguiente preparación: Mezclar la carne con los tomates y las cebollas finamente picadas, el perejil, el jugo de limón, sal y baharat, mezclar muy bien y disponer una porción sobre cada tapa de empanada llevando el relleno hasta los bordes. Además pueden presentarse en forma de triángulos, cerrados; en ambos casos se hornean en placas aceitadas a temperatura elevada, por espacio de 10'.

Empanadas armenias

Ingredientes

Masa
1 kg de harina
50 g de levadura de cerveza

Relleno
1 kg de carne picada (tapa de nalga o asado)
1 kg de tomates frescos
1/2 kg de ajíes morrones
1/2 kg de cebolla
7 dientes de ajo
2 tazas de perejil picado
Sal, pimienta, pimentón, ají molido

Procedimiento

Poner la harina sobre la mesa en forma de círculo. Disolver la levadura en agua tibia y azúcar, luego colocarla, junto con la sal, en el cenro de la harina. Unir hasta formar una masa blanda, añadiendo el resto del agua. Dejar levar al doble de su volumen. Formar bollitos chicos y dejar levar nuevamente. Picar finamente la verdura y mezclar con la carne picada.

Condimentar bien. Estirar los bollitos en forma redonda disponiendo el relleno hasta los bordes de la masa.

Cocinar en placas aceitadas.

Si deseamos las empanadas cerradas, colocar una porción del relleno en el centro del disco y cerrar como triángulo.

ENSALADAS

ENSALADAS

La costumbre alimentaria del pueblo armenio es esencialmente vegetariana el consumo de la carne, también apreciada se mantuvo por siglos limitada a las ocasiones festivas. La base de la dieta era constituida por cereales, leche y varios tipos de legumbres y verduras frecuentemente cosechadas directamente del huerto de la casa.

Este tipo de dieta, transmitido desde tiempos muy antiguos, es considerado uno de los motivos por los cuales, entre las montañas del Cáucaso, se encuentra un número tan grande de habitantes centenarios que, en algunos pueblos, llegan a representar la cuarta parte de la población.

Para los largos meses de invierno se dedica especial cuidado a la conservación de los productos vegetales.

Cuando se va terminando el verano, sobre los techos planos de las casas de los pueblos armenios, legumbres, hierbas aromáticas y verduras son extendidas sobre paños para la disecación, mientras filas larguísimas de "bamia" o de berenjenas en rodajas y ensartadas sobre hilos de algodón son expuestas al sol y al viento, para que sean después colocadas en frascos.

Las amas de casa armenias demuestran un gran cuidado también en la elección y preparación de las verduras. Los métodos de cocción usados son los más aptos para conservar no solamente el entero y genuino aroma de cada vegetal, sino sobre todo su contenido vitamínico y nutritivo.

Las expertas cocineras armenias cuecen las verduras lo menos posible, es más usual el estofado a fuego suave en cazuelas bien tapadas.

Se encontrará, en las recetas que siguen, la habitual sabiduría de combinar aromas y sabores propios de cada vegetal. La cebolla antes que nada, los morrones y los tomates, juegan el rol principal para exaltar el perfume y el gusto de estas preparaciones, mientras el ingrediente de base es, a menudo, la berenjena, omnipresente en cada plato armenio.

Constituye un aspecto bastante original el uso que se da a las nueces, almendras y sésamo como ingredientes de las ensaladas, las cuales, con la combinación de los vivos colores de los vegetales que las componen dan una singular contribución en la decoración de la mesa.

Ensalada de habas secas

-Armenio-

Ingredientes

500 g de habas secas
2 cdas. de extracto de tomate
1 pocillo de jugo de limón
1 pocillo de aceite de oliva
1 pocillo de perejil picado
2 dientes de ajo
1 cda. de pimentón molido
1 cdita. de ají molido
1 cdita. de comino molido
1/2 cdita. de bicarbonato de soda
 sal a gusto

Procedimiento

Remojar las habas durante toda la noche, escurrir, colocar en una cazuela, cubrir con agua, agregar el bicarbonato, cocinar hasta tiernizar, antes de retirar, salar. Escurrir. Por otro lado preparar una salsa con el jugo de limón, el aceite de oliva, pimentón, ají molido, comino y el ajo pisado en el mortero. Aderezar con esta salsa, las habas y por último espolvorear con el perejil picado.

Ensalada de naranja amarga o pomelo

-Sefaradí-

Ingredientes

7 naranjas amargas o pomelos
1 blanco de apio
1 cdita. de ají molido
1 cda. de aceite de oliva
2 dientes de ajo
2 cditas. de pimentón dulce
1 cdita. de azúcar
1 cda. de vinagre
sal y pimienta a gusto

Procedimiento

Se pelan las naranjas o pomelos, se le retiran las semillas y el ollejo y se cortan en pequeñas porciones, hacer lo propio con el apio y el ajo. Todos estos ingredientes colocarlos en una ensaladera y sazonar con el pimentón y demás ingredientes.

Esta ensalada así preparada, se puede guardar en un frasco de vidrio, bien tapado, en la heladera, por un lapso de 4 días. Resulta muy sabrosa.

Ensalada de tomates a la armenia

-Loligui Aghtzan-

Ingredientes

1/2 kg de tomates
1 ají verde chico
1 ají rojo chico
3 cucharadas de perejil
2 dientes de ajo
1 limón (jugo)
1 cdita. de ají molido
3 cdas. de aceite de oliva, sal y pimienta
Hojas de menta fresca

Procedimiento

Cortar los tomates en gajos pequeños, los ajíes en juliana, colocar en una ensaladera junto con el perejil y aderezar con el aceite, los ajos, el limón, el ají molido, sal y pimienta. Servir, adornado con hojas de menta.

Ensalada "belén"

Ingredientes

600 g de berenjenas
1 ají rojo
1 ají verde
100 g de pasas negras sin semilla
50 g de pasas rubias
1 manzana smith
100 g de almendras peladas, fileteadas y tostadas
100 g de castañas de cajú
Sal, pimienta y aceite de oliva a gusto

Procedimiento

Cortar las cáscaras de las berenjenas con parte de su pulpa, filetear en julianas, hacer lo propio con los ajíes, pelar y cortar la manzana en cubos. Luego mezclar estos ingredientes con las pasas de uva y parte de las almendras tostadas. Aderezar con sal, pimienta y aceite de oliva. Servir adornado con el resto de las almendras y castañas de cajú.

Tabule

Ingredientes

250 g de trigo doble fino (Burgul)
100 g de manteca
100 g de cebolla de verdeo
200 g de cebolla común
300 g de tomates picados
2 morrones rojos
50 g de perejil
Jugo de dos limones
Sal, pimienta y pimentón a gusto

Procedimiento

Lavar el trigo con agua tibia. Escurrir, condimentar con limón y sal. Incorporar el trigo, la cebolla común rehogada en manteca, y todas las demás verduras picadas finamente; adherezar con aceite, sal, pimienta y pimentón a gusto. Servir sobre hojas de parra o de lechuga.

Ensalada de acelgas con laban

-Arabe-

Ingredientes

1 paquete de acelgas
2 dientes de ajo
1 taza de laban
Aceite de olliva, sal

Procedimiento

Lavar bien las acelgas; cocer al vapor con sal, escurrir y picarlas muy fino. Dejar enfriar. Condimentar con aceite, sal, ajo picado en mortero y laban muy espeso.

Ensalada de pepinos

con yogur

-Yayic-

Ingredientes

1/2 kg de pepino
2 tazas de yogur semi-concentrado
1 diente de ajo pisado
Sal a gusto

Procedimiento

Rallar los pepinos, salar, dejar reposar y exprimir, incorporar a la crema de yogur, a la que se le mezclará el ajo y la sal. Servir bien frío acompañando el Mudjeddere.

Ensalada joriatiki

-Griego-

Ingredientes

5 tomates
1 cebolla
200 g queso feta cortado en cubitos
100 g de aceitunas negras griegas
Aceite de oliva y orégano

Procedimiento

En un bol, mezclar los tomates cortados en cascos, la cebolla en juliana o en aros, el queso en cubitos, las aceitunas negras y aderezar con aceite de oliva y orégano. Servir.

Calabaza con lentejas

-Vospov ttum-

Ingredientes

450 g de calabaza sin cáscara y cortada en daditos
150 g de lentejas cocidas
2 cebollas grandes picadas (450 g)
70 c.c. de aceite de oliva.
250 c.c. de yogur
Sal, pimienta
1 cdita. de azúcar

Procedimiento

Colocar en una olla agua bien salada y llevar a una fuerte ebullición; en este punto agregar la calabaza y hervirla por 10-15 minutos, luego escurrirla.

En una sartén freír en el aceite las cebollas, juntar las lentejas y dejarlas que tomen sabor por 5 minutos, luego juntar la calabaza, la sal, la pimienta y el azúcar y dejar cocinar por 15 minutos más.

Poner en una fuente, distribuir arriba el yogur y servir como guarnición de platos de carne.

Lentejas con frutas secas

-Mshosh-

Típica ensalada armenia: mezcla de lentejas, nueces y damascos que son el fruto nacional de Armenia (Prunus armeniaca).

Ingredientes

200 g de lentejas remojadas en agua toda la noche
1 cebolla mediana picada
4-5 damascos secos
30 g de nueces
50 g de aceite de girasol
2 cdas. de jugo de limón
1 cda. de perejil picado
Sal, pimienta negra

Procedimiento

Cocinar las lentejas hasta que estén bien tiernas. Freír la cebolla en una sartén, con el aceite de girasol, unir las lentejas, la sal, las nueces picadas finamente, los damascos secos y dejar que tomen sabor en fuego suave por 10-15' . Servir el mshosh agregando pimienta negra, perejil picado fresco y jugo de limón.

Ensalada de repollo con nueces y sésamo

-Gaghamp shushmayov-

Ingredientes

1 pequeño repollo
50 g de nueces picadas finamente
2 cucharadas de semillas de sésamo blancas
1 diente de ajo picado finito
1 cucharadita de sal

1 cucharadita de suma
2-3 cucharadas de aceite de oliva extra virgen para condimentar

Procedimiento

Poner a hervir agua en una cacerola. Cortar el repollo en cuartos y ponerlos en el agua hirviente hasta que esté suficientemente tierno. Sacarlo del agua, escurrirlo bien y cortarlo en tiras muy finas, después de eliminar el tronco.

Distribuir el repollo en una ensaladera y condimentarlo con aceite, nueces, sésamo, ajo y sal, luego espolvorear con el sumak.

Dejar enfriar en heladera por 2-3 horas antes de servir.

Puerros al aceite con arroz

-Prinzov bras yahni-

Ingredientes

800 g de puerros
70 c.c. de aceite de oliva
250 g de cebollas cortadas en rodajas finitas
2 tomates muy maduros
8 granos de pimienta verde
Sal
100 g de arroz grano largo
140 c.c. de agua
Jugo de limón
Sumak para decorar

Procedimiento

Cortar los puerros por la mitad a lo largo, luego en trozos de 3-4 cm.; lavarlos bien y escurrirlos. Calentar el aceite en una cacerola, colocar las cebollas y dorar a fuego suave. Incorporar los puerros y dejar saborizar con las cebollas por algunos minutos, siempre mezclando.

Incorporar el arroz, los tomates, la sal, los granos de pimienta, el agua y llevar a ebullición. Bajar el fuego, poner un repasador sobre la cacerola y cubrirla con una tapa. Dejar cocinar por 20-30' hasta que el arroz esté tierno y ya haya absorbido el agua. Agregar el jugo de limón y dejar reposar por 5 minutos. Servir caliente o frío, espolvoreado con sumak.

Ensalada de garbanzos

-Siseri aghtsan-

Ingredientes

200 g de garbanzos, colocados en remojo toda una noche, luego cocidos
2 cucharadas de perejil picado
4 cebollitas de verdeo (bastante grandes) cortadas finas, utilizando también la parte verde
1 diente de ajo pisado
3 cdas. de jugo de limón
4 cdas. de aceite de oliva extra virgen
1 cdita. de sal
1 pizca de pimienta de Cayena
1/2 cucharadita de comino

Procedimiento

En una ensaladera los garbanzos y el resto de los ingredientes; condimentar con aceite, sal, jugo de limón, luego espolvorear con pimienta y comino.

Puerros estofados

-Bras yahni-

Ingredientes

70 c.c. de aceite de oliva
200 g de cebollas rebanadas muy finas
1 kg de puerros cortados en trozos pequeños
100 g de zanahorias rebanadas finas
200 g de pulpa de tomate
1/2 lt. de agua
Sal, pimienta.

Procedimiento

En una cacerola, rehogar la cebolla con aceite, luego unir las zanahorias y los puerros; dejar que se cocinen algunos minutos, unir los tomates; salpimentar y cubrir con el agua. Tapar y dejar hervir más o menos una hora.

Ensalada de frutas con yogur

-Mazunov kharrn bedugh-

Es costumbre entre los armenios de Persia preparar la ensalada de frutas, tanto fresca como la de latas, condimentada con yogur. Algunas variantes de estas ensaladas son:

Ensalada de frutas con naranjas

-Mazunov narinch-

Ingredientes

600 g de yogur más bien líquido
800 g de naranjas cortadas en cubitos
2 bananas cortadas en rodajas finas
100 g de nueces picadas
50 g de piñones desmenuzados
120 g de azúcar
3 cdas. de coñac

Ensalada de frutas con uva

-Mazunov khaghogh-

Ingredientes

600 g de yogur fresco más bien líquido
600 g de uva fresca blanca
2 manzanas cortadas en cubitos
2 bananas cortadas en rodajas finitas
100 g de pasas de uva sultanina
80 g de azúcar
2 cdas. de vodka.

Ensalada de frutas con frutas secas

-Mazunov cir-

Ingredientes

600 g de yogur
400 g de damasco seco desmenuzado
150 g de pasa de uva sultanina
100 g de manzanas secas desmenuzadas
50 g de almendras picadas y desmenuzadas
4 cdas. de azúcar

Procedimiento

Colocar el yogur en una ensaladera, unir todos los otros ingredientes; después de haber mezclado todo muy bien, llevar a heladera por una hora, antes de servir.

Ensalada de caquis con fruta fresca

-Kharrn bedugh-

Ingredientes

10 caquis bien maduros
2 bananas cortadas en daditos
100 g de pasa de uva blancas
160 g de damascos secos desmenuzados
50 g de piñones
Jugo de 2 limones
3 cdas. de azúcar

Procedimiento

Pelar los caquis y mezclar la pulpa con los daditos de banana y las frutas secas. Agregar el limón, el azúcar y mezclar.

Dejar en heladera por lo menos dos horas antes de servir.

Ensalada de frutas
de mandarinas
-Cirov bedugh-

Ingredientes

1 kg de naranjas cortadas en pequeños cubitos
2 mandarinas dulces cortadas en pequeños cubitos
100 g de pasa de uva sultanina
130 g de nueces picadas muy finas
60 g de piñones
Jugo de 2 limones
2 cdas. de coñac
1 cdita. de azúcar.

PESCADOS
Y
HUEVOS

COCINA ARMENIA

Derecha: Pide y bastermá
Centro: Hummus
Izquierda: Manty

COCINA GRIEGA

Derecha: Burekia
Centro: Dolmades
Izquierda: Mamul

COCINA SEFARADI

Derecha: Baclabá
Centro: Lahme 'B' ayin o Sfija
Izquierda: Laban

COCINA ÁRABE

Derecha: Knafi
Centro: Kebbe
Izquierda: Brazalete de novia

PESCADOS Y HUEVOS

Los pescados siempre fueron una importante fuente de la alimentación de los armenios. Los ríos que cruzaban el altiplano son ricos en diversas especies de peces y las aguas del lago Sevan son el hábitat originario de una particular trucha salmonada (Salmo Ishkhan), que se encuentra en gran cantidad.

Los pescados salados y desecados al sol eran muy usados en el pasado sea como provisión invernal, sea como comida fácilmente conservable para los viajeros de las caravanas.

En la cocina armenia, los pescados son preparados de muchas maneras: rellenos con arroz, pasa de uva y piñones (dolma), combinados con bulgur, con varios tipos de verduras, con salsa de nueces o de granada o cubiertos con una hoja de lavash.

Igualmente, son varios los modos de cocinar los huevos. Acá aparecen en primer plano las combinaciones con bulgur, con queso, con yogur y con las más diversas verduras: espinacas, chauchas, berenjenas, papas.

Los platos de pescado y de huevos son generalmente servidos junto con el pilaf o con otras preparaciones a base de verduras. En la tradición armenia tuvo gran espacio la puntual observancia de las prescripciones alimentarias ligadas al sucederse en el almanaque litúrgico de los períodos de penitencia y de magro (período en el cual no comían grasas).

Las comidas a base de pescado y huevos, sabrosas y variadas, permitían respetar estas normas sin comprometer el valor nutritivo y la alegría de encontrarse alrededor de la mesa.

Antes de la era cristiana, los huevos eran ofrecidos a los dioses como símbolo del universo: la yema representaba la tierra, el blanco las aguas, la cáscara los fines con el cielo.

Con el advenimiento del cristianismo, los huevos se tornaron, según la costumbre popular en un elemento central de las festividades pascuales. Ellos eran pintados de rojo (hirviéndolos con cáscara de cebolla), color que representaba la sangre de Cristo que había redimido el mundo.

Existe todavía viva en las familias armenias una costumbre respecto a los huevos pascuales: antes del almuerzo de Pascua cada miembro de la familia aprieta el propio con la palma de la mano, dejando descubierta solamente la punta. Turnándose, los otros golpean con sus huevos sobre la punta descubierta hasta que la cácara de uno se rompe. Se continúa así, cambiando los roles, hasta cuando quede un solo huevo con la cáscara intacta, su propietario se dice: "Tendré un año afortunado".

Caballas rellenas

-Zugui dolmá-

Ingredientes

6 pequeñas caballas largas 20-25 cm
70 c.c. de aceite
3 cebollas picadas finas (alrededor de 350 g)
25 g de piñones
30 g de pasa de uva de Corinto
6 cdas. de perejil picado
Sal, pimienta, canela
6 rodajitas de limón para decorar

Procedimiento

Para preparar una caballa para rellenar, comenzar cortando todas las aletas con tijeras; partir luego la espina central en la base de la cola replegando la parte final; apoyar el pescado sobre un plato y aplastarlo con las palmas de las manos como si fueran un palo de amasar, con lo cual la pulpa del pescado se desprenderá de la espina central, cortar la cabeza justo debajo de las agallas, pero sin llegar a desprenderla. A través de esta abertura sacar el interior del pescado con una cucharita, luego retirar delicadamente la espina central.

Después de haber lavado bien el pescado por adentro y por afuera, haciendo presión con los dedos a partir de la cola, hacer salir la mayor cantidad de pulpa posible buscando no romper absolutamente la piel. Poner aparte la pulpa. preparar el relleno: Calentar el aceite en una cacerola y freír la cebolla por 8-10 minutos. Sacar del fuego y unir a las cebollas la pulpa del pescado. Condimentar con sal y pimienta. Poner de vuelta la cacerola en el fuego, subir la llama y mezclando continuamente, seguir la cocción por 5' más. Con el fuego apagado juntar el perejil, la canela, las pasas de uva y después de haber mezclado todo, dejar enfriar.

Precalentar el horno a 200º; enaceitar una fuente para horno y después de haber secado muy bien la caballa con papel de cocina, dentro y fuera, rellenarla delicadamente con uniformidad.

Alinearlas en la fuente y colocar sobre cada pescado una rodaja de limón, luego agregar 100 c.c. de agua ligeramente salada y llevar a hervir sobre el fuego; pasar entonces al horno por 25'.

Variante: Seguir el mismo procedimiento, pero sin sacar la pulpa del pescado solamente la espina central.

El relleno es exactamente el mismo de la receta base, sólo se disminuye la cantidad de perejil. Una vez rellenos los pescados, enharinarlos y hacerlos dorar de los dos lados en una sartén con aceite de oliva.

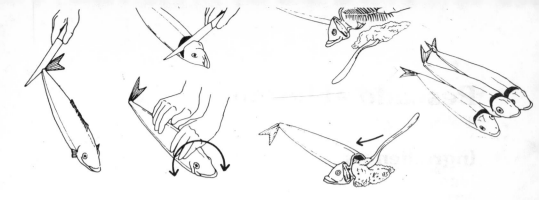

Filetes de pescado con especias

-Armenio-

Ingredientes

850 g de filetes de pescado
1/4 de cdita. de pimienta negra del molinillo
1/4 de cdita. de ají molido
1/4 de cdita.de paprika
1 cdita. de semillas de coriandro molidas
1 cdita. de sal
4 cdas. de jugo de limón
80 g de manteca derretida
2 cdas. de estragón fresco picado o seco
2 panes armenios finos "lavash" ablandados
Hojitas de perejil y rodajitas de limón para decorar

Procedimiento

Después de lavar los filetes de pescado, espolvorear de los dos lados con la sal y las especias bien mezcladas (menos el estragon) poner algunas gotas de limón, luego apilarlos uno sobre el otro y dejarlos en heladera por algunas horas. Colocar en una cacerola la mitad de la manteca derretida y poner un pan fino después de haberlo ablandado rociándolo con agua (el pan tiene que tener la misma medida de la cacerola). Colocar los filetes de pescado uniformemente en varias capas sobre el pan, luego espolvorear con el estragon y cubrir con un segundo pan, también después de haberlo ablandado. Completar la preparación poniendo, sobre el segundo pan, la manteca derretida.

Cubrir muy bien la cacerola y a fuego muy bajo dejar que cocinen alrededor de 20-30 minutos o hasta que el pescado esté bien cocido. Poner una fuente sobre la cacerola y dar vuelta de manera que el compuesto quede perfectamente sobre el plato. Decorar con hojitas de perejil y rodajas de limón, luego servir cortando el pan como si fuera una torta.

Pescado al horno

-Dabgaz zug-

Ingredientes

1 kg de pescado
Aceite de oliva
170 c.c. de vino blanco
4 dientes de ajo
40 c.c. de salsa de tomates
Sal, pimienta
3 cucharadas de perejil picado
2 puñados de pan rallado en el momento

Procedimiento

Limpiar y sacar la cabeza de los pescados y retirar la espina central; luego lavarlos y secarlos. Untar abundantemente con aceite de oliva una fuente ancha y alinear los pescados.

Colocar en una cacerolita el vino, el ajo picado, la salsa de tomates, la sal, pimienta, mezclar bien luego distribuir uniformemente sobre el pescado, esparcir el perejil por arriba y por último el pan rallado.

Cocinar en horno precalentado a 200° por 15-20 minutos o hasta que esté tierno. Servir enseguida.

Pescado con salsa de nueces

-Enguizov zug-

Ingredientes

1 kg de filetes de lenguado (u otro pescado)
2 zanahorias cortadas en rodajas
200 g de cebolla picada fina
2 cdas. de hojitas frescas de estragón picados
1 cda. de estragón seco

10 granos de pimienta
2 cdas. de sal
110 c.c. de agua

Salsa de nueces

200 g de nueces picadas muy finas
1/2 cda. de azúcar
1/2 cda. de pimienta blanca del molinillo
250 c.c. de agua
2 cdas. de semillas de coriandro molido
4 cdas. de vinagre
Perejil y rodajas de limón para decorar

Procedimiento

En una gran cacerola acomodar los filetes de pescado, después de haberlos lavado y secado, hacer una o más capas según las dimensiones de la cacerola, espolvoreando cada capa con sal y estragón y poniendo algún grano de pimienta. Cobre la última capa de pescado disponer las rodajas de zanahorias y de cebolla; luego el agua y a fuego suave llevar a un ligero hervor.

Cubrir la cacerola y dejar cocinar, siempre a fuego bajo por 25-30 minutos rociando a cada rato el pescado con el líquido de cocción.

Por otro lado preparar la salsa: colocar en el fuego una pequeña cacerola con agua y llevarla a hervir, bajar la llama y juntar el azúcar, las nueces y la pimienta y mezclando de vez en cuando, dejar cocinar por 10 minutos; unir el coriandro y el vinagre y seguir cocinando por 5 minutos. Poner la salsa en una salsera y mantenerla caliente. Cuando los filetes de pescado estén listos, pasarlos a una fuente, adornarlos con las rodajitas de zanahorias y de cebolla y decorar con el perejil y el limón. Servir acompañado con la salsa de nueces.

Pastel de salmón y trigo

-Bulgurov lostí-

Ingredientes

250 de bulgur molido mediano
Sal, pimienta
1 cda.de manteca
1/2 cda. de tomillo

900 g de salmón sin espinas y sin piel
130 g de cebolla picada
250 g de champiñones picados
1 cda. de aceite
60 g de perejil picado
1 cda. de semillas de hinojo
2 huevos duros

Procedimiento

Colocar el bulgur en una cacerola y cubrirlo con agua fría; cocinar a fuego moderado por 30 minutos mas o menos hasta que el trigo esté cocido. Mientras tanto poner la pulpa de salmón en un gran bol y unir la sal, el tomillo, la manteca, la pimienta y con un tenedor batir con energía hasta obtener una pasta. Llevar al fuego una cacerola con aceite, dorar la cebolla y los champiñones por 5 minutos, luego agregar la pasta de salmón y siempre mezclando, cocinar hasta que esté tierno. Juntar el perejil, las semillas de hinojo, el bulgur y los huevos duros cortados en rodajas. Mezclar delicadamente por algunos minutos luego apagar el fuego y dejar enfriar antes de servir.

Truchas del lago Sevan a la parrilla
-Khorovaz ishkhan-

Ingredientes
6 truchas de 250 g cada una
Sal
Pimienta de Cayena
90 g de manteca derretida
3 limones cortados en rodajas finas
Ramitos de estragón o perejil (para decorar)
1 granada desgranada

Procedimiento

Limpiar las truchas manteniéndolas enteras. Después de lavado y eviscerado, hacer unas incisiones con un cuchillito bien afilado, en la piel en líneas oblicuas, luego salar y pimentar externamente o internamente. Después de derretir la manteca en una sartén, apagar el fuego y marinar las truchas por media hora dándoles vuelta a menudo para que se recubran de manera uniforme con la manteca. Ahora pasar sobre las brasas de una parrilla o en la parrilla del horno muy caliente, por 10-20 minutos dándoles vuelta a menudo y pincelándolas con la manteca restante.

Disponer las truchas sobre una fuente y decorar poniendo sobre cada una las rodajitas de limón y en sus laterales ramitos de estragón, completar el plato decorándolo con los granos de granada.

Mytia - Mejillones rellenos
-Armenio-

Ingredientes

1 kg de mejillones
1 kg de cebolla picada
250 g de morrones rojos
2 dientes de ajo
1 lata de tomates picados
300 g de arro
1 taza de aceite
1 limón exprimido
1 vaso de vino moscato
1 cucharada de pimentón, sal y pimienta

Procedimiento

En una taza de aceite de maíz, rehogar la cebolla, el ajo y el morrón, una vez bien cocido agregar el limón, el arroz bien lavado y todos los condimentos y por último los tomates bien picaditos.

Los mejillones se raspan y se lavan muy bien, y se colocan sin agua al calor, los mejillones que no se abren se desechan por muertos y se vuelven a lavar muy bien nuevamente.

El mejillón se rellena, sin separar, se abre solamente y coloca el arroz y luego se forman para su cocción, uno al lado del otro, se tapa con un plato, se incorpora el vino, 1 vaso de agua y el caldo de los mejillones, se cocina por espacio de 35' aproximadamente.

Se presenta, adornado con perejil picado, limones torneados y rabanitos en flor.

Chefalo al horno

-Sefaradí-

Este plato se sirve especialmente en los casamientos, donde antiguamente la novia debía saltar sobre una gran fuente de "Chefaló al horno" para augurar al nuevo hogar numerosa prole.

Ingredientes

1 lisa de 2 kg
4 cdas. de perejil picado
2 cebollas
El jugo de 1 limón
3 tomates
4 cdas. de aceite de oliva
Sal y pimienta.

Procedimiento

Limpiar muy bien el pescado cortándole todas las aletas, la cabeza y la cola. Cortar en rodajas de 4 cm. de espesor, salar y dejar reposar 30'. Picar la cebolla, dorarla en el aceite. Agregar el perejil picado y dorar suavemente, añadir los tomates licuados, el zumo del limón, sal y una pizca de azúcar. Dejar espesar la salsa. Colocar en una fuente el pescado vertiendo sobre él la salsa. Llevar a horno de temperatura máxima 30' apróximadamente.

Calamares con relleno de arroz

Ingredientes

1 kg de calamares medianos
Sal
35 c.c. de aceite de oliva
70 c.c. de vino blanco
250 c.c. de salsa de tomate caliente

Relleno

200 g de cebollas picada fina
40 c.c. de aceite de oliva
100 g de arroz grano largo
25 g de piñones
25 g de pasa de uva de Corinto
3 cucharadas de perejil picado
Sal, pimienta
2-3 cucharadas de agua

Procedimiento

Limpiar los calamares eliminando el hueso y la bolsa que contiene y el depósito color amarillento que se halla bajo la cabeza. lavarlos en abundante agua fría y secarlos con un repasador.

Para preparar el relleno cocinar la cebolla en el aceite y cuando esté brillante transparente unir el arroz, los piñones, las pasas de uva, el perejil, luego salar y pimentar; dejar que tome sabor por algunos minutos siempre mezclando y agregando 2 ó 3 cucharadas de agua. Sacar la cacerola del fuego y dejar entibiar. Rellenar los calamares sin hacerlo excesivamente, para dejar al arroz el espacio para hincharse durante la cocción. Cerrar la abertura, cociendo con algunos puntos con aguja e hilo. Calentar el aceite en una cacerola y hacer saltear a fuego fuerte por 5-10', los calamares rellenos, junto con los tentáculos. Pasarlos a una cacerola, mojarlos con el vino y la salsa de tomates caliente y salar a gusto.

Cubrir bien la cacerola y dejar cocinar a fuego muy bajo, o en un horno precalentado a 180 grados por 40-50 minutos o hasta que los calamares estén tiernos y la salsa se haya espesado.

Estos calamares pueden ser servidos calientes o fríos, según el gusto.

Omeletes pascuales
-Scertzazun-

Tradicionalmente eran cocidas para la cena pascual: consisten en finísimas omeletes, de 15 cm que son arrolladas y comidas directamente con las manos.

Ingredientes

8 huevos
4 cdas. de perejil picado
1 diente de ajo picado
4 cdas. de manteca
1/2 cdita. de paprika
1 cdita. de sal
1/2 cdita. de pimienta

Procedimiento

En un bol batir delicadamente los huevos y juntar: perejil, ajo, sal, pimienta y paprika y mezclar bien. Enmantecar una sartén para crepes y poner un poco de la mezcla que cubra apenas el fondo, hacer dorar la pequeña omelete por 2 minutos, luego, ayudando con una espátula de madera, sacarla de la sartén, arrollarla y colocarla sobre un plato; proceder de la misma manera hasta que se terminen los huevos. Servir enseguida con ensalada a elección.

Chauchas verdes con queso y huevos
-Nor bayasidi lobi-

En una especialidad de la región caucásica de Nakhidchevan, y de las orillas meridionales del lago Sevan.

Ingredientes

450 g de chauchas cortadas en trozos de 2,5 cm
40 g de manteca
50 g de queso parmesano o gruyere, rallado
4 huevos

40 c.c. de leche
1 cda. de aceite de oliva
1 cdita. de sal
1/2 cdita. de pimienta
Ramitas de perejil y daditos de queso para decorar

Procedimiento

Cocinar las chauchas en agua hirviendo por 10 minutos hasta que estén tiernas, luego escurrirlas.

Derretir la manteca en una sartén, colocar las chauchas y mezclar hasta que absorban uniformemente la manteca, disponer por encima el queso y dejar cocinar cubierto por un minnuto. En un bol batir los huevos junto con la leche, el aceite, la sal y la pimienta, luego colocar las chauchas y mezclar lo suficiente para amalgamarlos con los huevos, cubrir la sartén y dejar cocinar a fuego bajísimo. El compuesto de huevos deberá resultar todavía blando pero cuajado. Poner esta especie de omelete en una fuente y decorar con ramitas de perejil y daditos de queso.

Las chauchas pueden ser sustituidas por arvejas, zanahorias o habas.

CARNES
Y
HORTALIZAS
RELLENAS

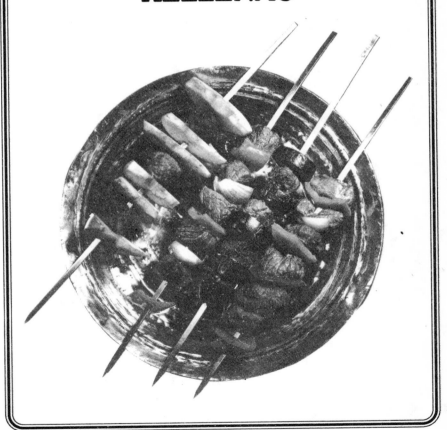

CARNES Y HORTALIZAS RELLENAS

Seguramente las maneras de preparación de la carne propias de la tradición culinaria armenia pueden ser bien aplicadas a cualquier tipo de carne. Es necesario advertir que las recetas armenias fueron pensadas refiriéndose a las carnes de cordero o de cabrito y a su característico aroma.

Por antigua tradición, el cordero es considerado el alimento de la fiesta, religiosa en particular. Desde los antiquísimos tiempos del paganismo hasta llegar a nosotros el Harissah fue el alimento propio de las grandes fiestas de la cosecha, de la trilladura y de la vendimia. Su propia preparación es una ocasión de participación alegre de toda la familia, cada miembro se alterna en la fatigosa operación de golpear con el mortero de madera el grano y la carne para obtener un alimento cremoso y perfumado.

El advenimiento del Cristianismo cambió sólo en parte las antiguas tradiciones y todavía hoy es posible asistir en el patio de las iglesias, al sacrificio de los corderos en ocasión de la conmemoración de los difuntos (Madagh) o de las solemnidades pascuales. Los corderos sacrificados son luego asados al aire libre en una larga fila de asadores y ofrecidos a los pobres y a todo el pueblo al término de los rezos.

De acuerdo con las costumbres familiares, la carne de cordero es cortada en cubitos, o también picada finamente y mezclada con aromas y especias y luego ensartada en brochettes de hierro forjado con cantos vivos. Hay una gran variedad de estos asados ("khorovaz", o, según el término universalmente difundido en Medio Oriente, "quebab") según los varios ingredientes con los cuales se combinan.

Otra manera fundamental de preparar platos a base de carne es aquél basado en la combinación de carne picada y trigo triturado (bulgur). Con estos ingredientes y otros que con ellos se mezclan, son hechas pequeñas esferas (kefte) que serán después cocidas en caldo, al horno o doradas en aceite.

Una preparación importante es el "gheima": se trata de carne picada y dorada en su propia grasa junto a una buena dosis de cebolla picada. El "gheima" se puede conservar durante mucho tiempo en el refrigerador para ser usado sucesivamente en la confección de varios platos. Éste es un ejemplo particular de la originalidad con la cual, en la cocina armenia fueron valoradas las combinaciones de los genuinos sabores de los más habituales productos de la tierra.

Las recetas que están bajó el nombre general de "misov" (combinación de verdura "con carne") constituyen un muestrario de esta habilidad específica de las amas de casa armenias que supieron exaltar, junto con los sabores originales de los ingredientes naturales, también su valor nutritivo y vitamínico.

Albóndigas de Smirna
-Izmir kefte-

Ingredientes

500 g de carne de cordero, de, cerdo o mixta, picada dos veces
1 miga de pan remojada en agua y exprimida
50 g de cebolla picada finamente
1 huevo entero
2 dientes de ajo cortados finamente
Aji picante, comino y otras especias a gusto
1 cda. de perejil picado
Sal

Variante

500 g de carnes mixtas picadas muy finas
1 cebolla cortada muy fina
1 huevo entero
1 cda. de manteca
4 dientes de ajo picados
Sal
Pimienta

Procedimiento

Mezclar en un bol todos los ingredientes amalgamando bien con las manos humedecidas. Hacer bolitas del tamaño de una aceituna, dándoles forma en las palmas de las manos humedecidas con agua.

Ponerlas en una plancha enmantecada y cocinarlas en horno a 200 grados por 10 minutos. Si se prefiere, se pueden también freír en una sartén con poco aceite, cuidando que queden bien doradas.

Se sirven con guarnición de pilaf y ensalada de estación.

Pechugas sorpresa con champiñones

-Armenio-

Ingredientes

5 pechugas de pollo
200 g de manteca
250 g de champiñones
250 g de arroz
100 c.c. de jugo de limón
5 cebollitas
3 cubitos de caldo de ave
40 g de pasas de uva sin semilla
80 g de almendras
1/2 tarrito de azafrán
Sal y pimienta
4 cditas. de azúcar

Varios

250 g de masa "fila"
75 g de manteca
Molde savaren de 26 cm

Procedimiento

Cortar en juliana las pechugas y dorar rápidamente en 50 g de manteca, lavar los champiñones en agua con limón; si fueran grandes, cortar por la mitad y saltear en 50 g de manteca, por último fundir 50 g de manteca con el azúcar, dorar y acaramelar las cebollitas finamente picadas. Unir las tres preparaciones, incorporar el jugo de limón y 3 1/2 tazas de caldo preparado con los tres cubitos, dejar cocinar por 10', en ese instante adicionar el arroz lavado, las pasas de uva y el azafrán disuelto en un poco de agua, dejar cocinar lentamente por 20' más, salpimentar a gusto. Dejar entibiar, integrar las almendras peladas, fileteadas y tostadas. Aparte pincelar con manteca el molde y disponer las hojas de masa "fila" forrando el savaren, pincelando entre hoja y hoja con la manteca fundida, dejando bordes afuera. Volcar el arroz con el ave y los champiñones, cerrar rápidamente, con el resto de la masa que se había dejado reservada para cubrir, pincelar nuevamente con manteca, cocinar a horno elevado hasta dorar, retirar y desmoldar en una fuente. Servir de inmediato.

Pechugas de pollo a la persa

Ingredientes

5 pechugas
120 g de manteca
1 cebolla
100 g de orejones de damascos
50 c.c. de jugo de limón
1 cubito de caldo
Sal y pimienta a gusto

Procedimiento

Dorar las pechugas en la manteca, hacer lo propio con la cebolla finamente cortada, retirar y glacear los damascos. Una vez efectuado este procedimiento, colocar las pechugas salpimentadas, la cebolla y los damascos, a cocinar juntos con el caldo disuelto en 250 c.c. de agua y el zumo de limón. cocinar por espacio de 20 minutos. Procesar la salsa y disponer sobre cada pechuga, adornar con almendras tostadas. Este delicioso plato, se sirve acompañado con el exquisito arroz a la Persa.

Pechugas de pollo con salsa de tahine

Taratour -Arabe-

Ingredientes

3 pechugas de pollo
Hierbas aromáticas
Granos de pimienta negra, blanca y verde

Salsa

1/2 taza de tahine
2 dientes de ajo
1/2 taza de agua fría
1/2 taza de jugo de limón
Sal y pimienta

Procedimiento

Se hierven las pechugas con las hierbas aromáticas, los granos de pimienta y sal gruesa, dejar enfriar en el caldo de cocción. Proceder luego a desmenuzar el ave y salsear con el ajo pisado en el mortero junto con la sal, agregar el tahine y unir muy bien, añadir el agua de a poco, revolviendo constantemente, incorporar el jugo de limón, hasta que la salsa quede cremosa. Optativamente puede añadirse 1/2 taza de perejil picado.

Brochette de pollo

Ingredientes

3 pechugas de pollo
100 g de manteca
6 cebollitas
50 c.c. de jugo de limón
2 cubitos de caldo
Orejones de damasco
Azúcar, sal y pimienta a gusto.

Procedimiento

Se doran las pechugas, los damascos y las cebollitas en manteca; luego se retiran e insertan en las brochettes, previamente cortadas en dados de aproximadamente 3 cm.

Terminado el procedimiento, se cuecen las brochettes en el caldo, durante unos minutos, completándose la cocción en horno caliente.

Pollo con dátiles

-Farja Ma'a Balah-

Ingredientes

4 pechugas de pollo
200 c.c. de crema de leche
250 g de dátiles
100 g de pan en cubos
150 c.c. de caldo de ave
200 g de apio picado
40 g de manteca
1 cebolla grande
100 g de piñones tostados
Sal y pimienta

Procedimiento

Picar la cebolla finamente, rehogar en la manteca, luego incorporar el pan cortado en cubos remojado en leche y escurrido junto con el apio picado, dejar cocinar unos minutos, salpimentar, retirar y procesar. En ese instante incorporar los dátiles descarozados y fileteados y los piñones tostados; con esta preparación, rellenar las pechugas, las que han sido previamente pinceladas con manteca y salpimentadas. Disponer las mismas en una asadera enmantecada e incorporar el caldo y la crema. Cubrir con un papel de aluminio y hornear por espacio de 20 minutos a temperatura máxima. Retirar y espesar el fondo de cocción por reducción, es decir, dejar que se evapore. Disponer en una fuente cubierta con su salsa y espolvoreada con piñones tostados.

Rijsstafel - Pollo con garnituras

-Sudeste Asiático-

Ingredientes

2 pechugas de pollo
1/2 taza de aceite de sésamo ó de mani
2 berenjenas
2 tomates
200 g de pescado ahumado
1 pepino agridulce
150 g de coco
Sal y pimienta.
Arroz hervido

Salsa de Curry

1 taza de caldo de ave
1 cda. de polvo Curry
1 cda. de harina
2 cdas. de manteca
Sal a gusto

Salsa sambal

2 ajíes morrones
1 cebolla mediana
1 pizca pimienta blanca
Aceite de sésamo o maní, cantidad necesaria

Procedimiento

En una sartén calentar el aceite de sésamo o de maní, dorar los trozos de pechuga de pollo, retirarlos y escurrir, condimentar con sal y pimienta, freír en el mismo aceite, las berenjenas cortadas en tiras y los tomates en rebanadas, salpimentar. Colocar en recipientes separados los distintos ingredientes, reservándolos al calor.

Salsa de Curry: Derretir en un recipiente la manteca, incorporar la harina, mezclar muy bien, aligerar con el caldo y condimentar con el polvo curry y la sal. Dejar cocer a fuego moderado, hasta que tome una consistencia cremosa. Conservar al calor.

Salsa Sambal: Pisar en un mortero, la cebolla cruda rallada junto con los ajíes cortados en trozos pequeños, agregar poco a poco aceite, removiendo hasta obtener una pasta suave, condimentar con la pimienta.

Keppe crudo
-Kebbe Naie - Arabe-

Ingredientes
350 g de carne de nalga molida
350 g de trigo doble fino
1 ají morrón rojo
1 cebolla
Sal, pimienta, pimentón, ají molido, bahar, kimión

Varios
2 cebollitas de verdeo
2 tomates
1 cebolla
1 taza de perejil
1 ají rojo
Aceite de oliva

Procedimiento
Se coloca la carne junto con el trigo y se amasa con agua fría, hasta que esté totalmente amalgamada. Se condimenta muy bien, se le incorpora la cebolla, el ají y el perejil finamente picados. Vamos tomando porciones pequeñas de la masa y disponemos en una fuente.

Por último colocamos las cebollitas de verdeo, la cebolla, el perejil, el ají morrón, los tomates, todo finamente picado y como toque final rociamos con el aceite de oliva.

Keppe

-Sefaradí-

Ingredientes

500 g de trigo doble fino N° 3
4 cdas. de aceite
70 g de harina
30 g de pan rallado
500 c.c. de aceite para freír

Relleno

300 g de carne de rosbeef molido
300 g de cebolla
100 g de piñones o nueces
Sal, pimienta, bahar a gusto

Procedimiento

Lavar el trigo y dejar cubierto con agua, aproximadamente 30', escurrir un poco, condimentar e ir incorporando, el aceite, la harina y el pan rallado, amasar muy bien hasta integrar todos los ingredientes, siempre tomando la masa con un poco de agua; si fuera necesario, agregar más harina para que quede una masa maleable. Luego con las manos humedecidas, ir formando los keppes, es decir, ahuecándolos, se rellenan con la preparación previamente cocida y se cierran afinando los extremos. Freír en aceite caliente hasta que estén dorados.

Albóndigas a la Marroquí

Ingredientes

1/2 kg de carne picada
100 g de ricota
1 huevo
1 yema
1 cda. de perejil picado
1 diente de ajo rallado
2 cdas.de pan rallado
1 cdita. de ají molido

1/2 cdita. de pimienta negra molida
Sal a gusto
Aceite en cantidad necesaria

Salsa

1 lata de tomates al natural o su equivalente en tomates frescos
1/2 cdita. de azúcar
1/2 cdita. de ají molido (optativo)
Sal a gusto

Procedimiento

Para lasalsa, poner en una cazuelita los tomates picados, agregar el azúcar, ají molido (optativo), sal a gusto y dar una cocción de 10'. Si utilizáramos tomates frescos, éstos deberán pelarse, picarse y cocinarse. Aparte mezclar amasando bien la carne, con la ricota, huevos, perejil, ají molido, pan rallado, pimienta negra, ajo rallado y sal a gusto. Hacer bollitos pequeños aplastados como tortitas. Freír en aceite hasta que se doren. Servir caliente con la salsa de tomate acompañado con arroz pilaf.

Kebbe de arroz

-Plato típico de Irak-

Ingredientes

400 g de arroz
1/2 cdita. de cúrcuma

Relleno

500 g de carne de rosbeef molida
2 cdas. de aceite
1 cebolla
2 cdas. de perejil picado
1 cdita. de cardamomo
2 papas medianas

Procedimiento

Una vez bien lavado, se coloca el arroz a hervir con cúrcuma, hasta que esté tierno. Se procede a realizar un puré con las papas hervidas. Se van tomando porciones de esta cobertura con una cuchara, se alisa sobre la palma de la mano y colocando una pequeña porción del relleno, se les da forma ovalada, y se fríen en aceite bien caliente en pequeñas cantidades.

Pastel de kebbe
-Kebbe Sinie-

Ingredientes
Masa
300 g de carne de bola de lomo
300 g de trigo doble fino (burgul)
2 cdas. de aceite de oliva
100 g de manteca
Sal y pimienta

Relleno
300 g de carne molida (rosbeef)
600 g de cebolla
100 g de nueces
Sal, pimienta, bahar y kimión

Procedimiento
Relleno
Rehogar la cebolla finamente picada en aceite de oliva durante 15', en ese instante, agregar la carne molida y la sal. Cocinar rápidamente y retirar, adicionar la pimienta y las nueces picadas. Dejar enfriar muy bien antes de utilizar.

Masa
Colocar en un recipiente profundo la carne procesada junto con el trigo burgul, 1/2 tasa de agua fría y todos los condimentos. Comenzar a unir con las manos todos los ingredientes hasta lograr una masa compacta, trabajándola muy bien. Es importante mojarse las manos continuamente en agua fría para así obtener una masa lisa, homogénea y blanda. Dividir la preparación en dos partes iguales. Enmantecar una placa de 30 por 25 cm., acomodar la mitad de la masa estirándola muy bien con las manos humedecidas. Sobre esto colocar el relleno en forma pareja y cubrir con el resto de la masa. Cortar prolijamente

con un cuchillo filoso, en rombos pequeños. Disponer sobre ellos trocitos de manteca y rociar con 60 c.c. de agua. Hornear a temperatura máxima durante 40' aproximadamente o hasta que esté de un lindo color dorado. Retirar y servir de inmediato, acompañándolo con ensalada de estación.

Kus-kus
-Arabe-

Ingredientes
500 g de carne (cuadril)
500 g de sémola
250 g de carne molida
250 g de papas
500 g de zapallitos largos
250 g de ajíes
4 cebollas medianas
500 g. de tomates
80 g de manteca
60 c.c. de aceite
1 cda. de perejil
1 huevo
Sal y pimienta

Procedimiento
En una olla dorar en la manteca la carne cortada en cubos y la cebolla finamente picada. Incorporar 250 c.c. de agua, los tomates rallados y la sal. Llevar a fuego lento hasta que se cocine la carne, agregar entonces los zapallitos y las papas cortados en trozos, la pimienta, y continuar la cocción (15'). Preparar los ajíes, limpiarlos y vaciarlos. Por otro lado preparar el relleno. Dorar la carne molida y agregar el huevo, el perejil, la sal y la pimienta. Rellenar los ajíes y freírlos en aceite para incorporarlos a la olla, hervir 15' más. Dorar la sémola en aceite, adicionar 2 tazas de caldo de la preparación, revolviendo continuamente a fuego lento hasta que se absorba el caldo. Disponer en una fuente y agregar la preparación anterior. Servir. En un bol colocar el resto del caldo.

Prazas de puerro
-Sefaradí-

Ingredientes
500 g de puerros
500 g de carne molida (rosbeef)
3 huevos
Harina, sal, pimienta, aceite

Procedimiento
Lavar muy bien los puerros, cortarlos en trozos pequeños y colocarlos a hervir. Cuando estén tiernos escurrirlos y picarlos finamente. mezclar esta preparación con la carne, la sal y la pimienta. Formar croquetas alargadas y pasarlas primero por la harina y luego por el huevo bien batido. Freírlas en bastante aceite hasta que estén doradas. Servir de inmediato.

Kussi
-Plato típico de Irak-

Ingredientes
1 cordero de 5-6 kg
300 g de carne picada
1 cebolla
1/2 taza de almendras peladas y picadas
1/2 taza de pasas de uva rubias
Azafrán
100 g de manteca
Sal, pimienta, cardamomo y canela

Procedimiento
Lavar bien el cordero y condimentarlo con sal, pimienta, canela, cardamomo y clavo de olor.

Relleno
Rallar la cebolla y freírla en la mitad de la manteca, agregar la carne picada, las almendras y las pasas de uva, luego el arroz que se habrá lavado muy bien y hervido durante 5 minutos, colarlo y agregarlo a la preparación. Condimentar con sal, pimienta, azafrán y cardamomo.

Rellenar el interior del corderito y cocerlo cuidadosamente, hornear untándolo con manteca, los primeros diez minutos a horno bien caliente y luego a mínimo dos o tres horas.

Keppe con salsa

Ingredientes
300 g de trigo burgul extra fino
300 g de carne de nalga procesada

Relleno
150 g de carne de rosbeef molida
150 g de cebolla
80 g de piñones
sal,
pimienta
bahar
kimión a gusto

Salsa
2 tomates naturales
2 cdas. de aceite de oliva
sal
pimienta
3 cdas. de perejil picado

Procedimiento
Para el relleno, rehogar la cebolla en 1 cda. de aceite. Cuando cambia de color, incorporar la carne, dejar unos minutos, retirar y condimentar para agregar,por último, los piñones.

Por otro lado, preparar la cobertura amasando muy bien el trigo Burgul y la carne procesada, condimentar e ir tomando la masa con agua helada, para que ésta quede homogénea y elástica. Tomar porciones, ahuecar con el dedo, colocar parte del relleno frío, cerrar y dar forma redonda. Cocinar en la salsa unos minutos y servir espolvoreando con perejil picado y pan armenio.

Kefte en brochette

-Brochette de carne molida-

Ingredientes

500 g de carne de rosbeef, tapa de asado o paleta
1 cda. al ras de extracto triple de tomate
1 morrón mediano bien picado
1 cebolla rallada
1 taza de perejil picado
2 cdas. de pan rallado
2 cdas. de aceite
Sal, pimienta, pimentón, ají molido a gusto

Varios

Palitos de brochettes.

Procedimienteo

Procedemos a unir todos los ingredientes antes mencionados, los moldeamos, mojándonos las manos con agua y formando pequeñas esferas e insertándolas en los brochettes; se cocinan sobre carbón o al horno y se sirven con cebollitas finamente picadas, acompañadas de esponjosos panes árabes.

Brochette de carne

-Shish Kebak-

Ingredientes

1 kg de carne de cordero, lomo o cuadril
2 cditas. de extracto de tomate
12 cebollitas pequeñas
3 ajíes morrones rojos
3 ajíes verdes
6 tomates comunes o 15 unidades Cherry
Aceite de oliva
Ají mollido, sal, pimienta, pimentón,
bahar y kimión (condimentos armenios)

Procedimiento

Cortar la carne en cubos de 3 cm. aproximadamente, agregar el extracto de tomate, el aceite y los condimentos; mezclar bien y dejar reposar en el adobo por espacio de 1 hora. Proceder de igual forma con las verduras. Insertar la carne, el tomate, la cebolla, el ají verde y el rojo, alternativamente hasta terminar. Cocinar a fuego fuerte sobre carbón o en grill familiar. Este delicioso plato se acompaña con ensaladas frescas de estación.

Pierna de cordero a la menta

Ingredientes

1 pierna de cordero
3 cdas. de menta fresca
3 cditas. de sal
2 cdas. de aceite de oliva
150 c.c. de crema
2 cditas. de fécula de maíz
Jugo de la cocción

Guarnición

5 tomates medianos
180 g de queso tipo untable (queso blando)
3 cdas. al ras de hierbas frescas a elección
1 1/2 cda. de aceite de oliva
Sal y pimienta

Procedimiento

Desgrasar el cordero. Unir la menta con el aceite y la sal, y en esta salsa macerar la pierna de cordero, aproximadamente 7 horas, dentro de la heladera. Cocinar en horno de temperatura elevada (260ºC) 35 minutos de cada lado, sobre parrilla con agua y hojas de menta. Desgrasar el jugo de cocción y reducir sobre el fuego, hasta obtener 250 c.c. Disolver la fécula en la crema y ligar con la salsa anterior. Disponer sobre el cordero esta preparación y servir con guarnición de tomatitos calientes.

Guarnición

Retirar una tapita a cada uno de los tomates, vaciar el centro, rellenar con queso untable, las hierbas frescas, el aceite y la sal, cocinar a horno moderado por espacio de 13 minutos. Servir de inmediato.

Cordero o chivito relleno
-Armenio-

Ingredientes

1 corderito o chivito lechal
1 taza de arroz
1 taza de cebolla picada
1/2 ají verde picado
2 cdas. de manteca
2 cdas. de perejil picado
1 pizca de canela
1 cdita. de sal
1 pizca de pimienta
1 cda. de piñones (optativo)
1 cda. de pasas de uva
1 taza de agua caliente

Procedimiento

Abrir como una bolsa la parte con carne del pechito, desechar el exceso de grasa, salar. Lavar y escurrir el arroz. Rehogar las cebollas y el ají con la manteca, agregar el arroz y demás ingredientes. Remover y añadir el agua caliente. Tapar y cocinar hasta que se consuma toda el agua. Retirar del fuego; el arroz debe quedar un poco crudo. Rellenar con esta mezcla la bolsa del pechito, no ocupar más que las 3/4 partes de la cavidad. Unir los bordes de carne y cocerlos con un hilo. Acomodar la carne en una asadera; colocar la parte grasa hacia arriba y pinchar varias veces la superficie para evitar que quede aire adentro. Cocinar el corderito en horno moderado durante 1 y 1/2 hora; primero tapado y luego descubierto. Acompañar con una guarnición de legumbres a la manteca.

Pierna de cordero rellena
-Budughov kamugui litzuk-

Ingredientes

1 pierna de cordero (2 a 3 kg)
140 g de orejones de damascos

140 g de ciruelas pasas
60 g de almendras
60 g de dátiles
80 g de manteca
1 cebolla
110 de pan rallado
2 yemas
Ralladura y jugo de 1 limón
5 cdas. de perejil
1 1/2 cdita. de tomillo
150 g de manteca
Sal y pimienta, cantidad necesaria

Procedimiento

Proceder a rehogar en 80 g de manteca la cebolla picada, los damascos, las ciruelas, los dátiles picados gruesos y las almendras peladas y fileteadas. Adicionar el perejil picado, pan rallado, el jugo y ralladura de limón. Condimentar muy bien con tomillo, sal y pimienta, ligar con las yemas. Por otro lado salpimentar la pierna de cordero deshuesada y rellenar con la preparación anterior, coser con hilo todas las aberturas, dándole buena forma. Dorar la pierna en la manteca restante, retirar y colocar en un recipiente con agua caliente en donde se han agregado sal gruesa, apio, albahaca y laurel. Dejar cocinar a fuego moderado, hasta que se reduzca el fondo de cocción. Retirar, cortar en porciones y sevir con guarnición de arroz pilaf , salseado con el fondo de cocción.

Arrollado de novillo

-Moscari Rolo - Griego-

Ingredientes

1 kg de carne de novillo
2 tomates
1 cebolla
1 diente de ajo
5 granos de pimienta
3 clavos de olor
1/2 taza de aceite de oliva o manteca

1 taza de vino tinto
2 hojas de laurel y romero
1 cdita. de salsa de tomate y canela
1/2 taza de agua
Sal y pimienta a gusto

Procedimiento

Salar la carne y dar forma atándola. Luego se efectúan unas incisiones y se introducen las especias. Aparte pelar los tomates y procesarlos y cortar las cebollas en octavos. Frotar la carne con la sal, pimienta y el ajo y a su vez estos condimentos introducirlos en las incisiones efectuadas anteriormente incluyendo los clavos de olor. Dorar la carne en el aceite caliente. Añadir el vino, la cebolla, los tomates, las especias, el agua y la salsa de tomate. Espolvorear la carne con la canela y dejar asar durante 1 hora y 30 minutos. Se sirve con guarnición de batatas o ensalada de estación.

Niños envueltos
en hojas de parra

-Sarma Dereví - Dolmades-

Ingredientes

250 c.c. de aceite
1 kg de cebolla
50 g de perejil
1 cdita. de extracto de tomate
50 c.c. de jugo de limón
1 cdita. de menta
100 g de piñones
1 frasco de hojas de parra
1 cdita. de canela
100 g de orejones de damasco

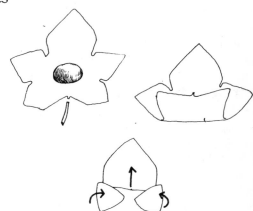

Procedimiento

Cocinar la cebolla en el aceite; incorporar el arroz y una taza de agua y dejar que se absorba; salpimentar y retirar del fuego, luego adicionar los demás ingredientes. Una vez frío el relleno, proceder a lavar las hojas que vienen envasadas y colocando una pequeña porción de la preparación, envolverlos como cilindros y disponerlos en forma circular en un recipiente, previamente tapizado con algunas hojas. Una vez finalizado, colocar un plato invertido sobre los niños envueltos y sobre él, una taza llena con agua para que presione. Verter el contenido de otra taza de agua dentro del recipiente, cocinar por espacio de 45' y antes de finalizar, incorporar el jugo de limón.

Niños envueltos
en hojas de repollo

Ingredientes

1 repollo grande y macizo
1 kg de rosbeef molido
300 g de arroz. doble
4 tomates naturales o una lata
2 cebollas grandes picadas
1 ají morrón verde y uno rojo
1 taza de perejil picado
1 cda. de extracto de tomate
1 cda. de menta seca
8 dientes de ajo cortados en finas láminas
Sal, pimienta, pimentón, ají molido

Procedimiento

Apartar las hojas del repollo y hervirlas en agua y sal, deben estar semiduras, escurrir y rellenar cada una de las hojas, arrollando sobre sí mismas, apartándoles, previamente, las pencas. Colocarlas en el recipiente en forma circular una al lado de la otra y entre sus capas ir colocándole sal gruesa y menta seca con las láminas de ajo. Continuar así, hasta finalizar con todas las hojas. En la superficie colocaremos un plato y sobre éste una taza llena de agua y luego le incorporaremos 4 tazas de agua caliente, dejamos que se cocine por espacio de 30', a partir del hervor y 5' antes de terminar la cocción adicionar el jugo de un limón. Este delicioso plato se sirve optativamente sólo o con salsa de yogur a la menta.

Acelga rellena con salsa de menta

Ingredientes

40 hojas de acelga
700 g de carne de cordero picada
2 cebollas
2 ajíes morrón rojos
1 taza de perejil picado
3 tomates picados
1 cda. de salsa concentrada
Jugo de 1 limón
3 dientes de ajo en rodadas
250 g de trigo Burgol Nº 1 grano grande
Ají molido, pimentón, pimienta, sal, menta
Agua (cantidad necesaria)

Salsa de menta

1 taza de yogur concentrado
1 diente de ajo pisado
1 cucharadita de menta seca
Sal a gusto

Procedimiento

Se mezcla la carne con las verduras antes enunciadas y se condimenta, luego se procede a colocar una cucharada del relleno sobre cada hoja de acelga, previamente pasada por el agua caliente, y se va arrollando sobre sí mismo, colocándolos uno al lado del otro en forma cicular en recipiente adecuado y entre capas superpuestas ir colocando las rodajitas de ajo. Luego se coloca una cucharada de sal gruesa, un plato invertido con el peso de un vaso de agua y agua cantidad necesaria para cubrir los niños envueltos. Una vez frío se sirve en cada plato con la salsa de menta.

Hojas de parra
rellenas con carne

-Yaprakes - Armenio, Arabe, Sefaradí-

Ingredientes

1 frasco de hojas de parra
500 g de carne de cordero o novillo molida
200 g. de trigo bulgur mediano
3 cebollas medianas
3 tomates
1 taza de perejil
2 ajíes rojos y 1 verde
2 dientes de ajo
1 cdita. de menta fresca o seca
1 cda. de extracto triple de tomate
Sal, pimienta, ají molido, pimentón, bahar y kimión

Varios

Jugo de 1 limón
200 c.c. de yogur natural
1 diente de ajo

Procedimiento

Se procede a lavar y escurrir las hojas de parra, se pican finamente todas las hortalizas anteriormente descriptas, se condimenta muy bien, se mezcla con la carne molida y con una cucharadita se van rellenando cada una de las hojas de parra, colocando las nervaduras de las hojas hacia arriba. Tapizamos el fondo del recipiente, con las hojas más grandes y vamos disponiendo, una al lado de la otra, en forma circular los sarmá, y entre sus diversas capas, colocamos dientes de ajo finamente picado. Tapamos con un plato invertido, colocamos una taza, vertemos dentro del recipiente dos tazas de agua caliente, y dejamos que se cocine por espacio de 35', aproximadamente.

Para servir este delicioso plato, acompañamos con salsa de yogur a la menta.

Bocadillos de trigo

Ingredientes
500 g de trigo "Bulgur" extra fino
500 grs de nalga

Relleno
350 g de rosbeef molido
400 g de cebolla
100 g de nueces
Sal y pimienta

Procedimiento
Rehogar en 30 c.c. de aceite, la carne junto con la cebolla, finamente picada, salar y pimentar, a gusto, dejar enfriar, luego incorporar las nueces picadas.

Por otra parte, lavar el trigo e ir amasando, junto con la carne de nalga molida, salpimentar a gusto y continuar hasta formar una pasta homogénea.

Tomar pequeñas porciones, ahuecar con las manos y colocar una parte del relleno, luego se cierra y se moldea, afinando las puntas. Freír en aceite caliente.

Zapallitos largos rellenos - Dolma
-Armenio/Arabe-

Ingredientes
14 zapallitos largos
400 g de carne de rosbeef molida
200 g de trigo "bulgur" mediano
4 tomates
100 g de perejil
2 cebollas
1 ají morrón rojo 1 verde
2 dientes de ajo

1 cda. de extracto de tomate
100 c.c. de jugo de limón
Sal, pimienta, ají molido, pimentón, bahar y kimión

Procedimiento

Lavar y ahuecar los zapallitos. Mezclar muy bien la carne con el trigo, las cebollas finamente picadas, los tomates, el perejil, los morrones, el ajo y condimentar muy bien. Colocar en un recipiente, disponiendo los zapallitos en forma circular, agregar sal gruesa y agua caliente en cantidad necesaria y en la mitad de la cocción, incorporar el jugo de limón. Cocinar por espacio de 30 minutos. Este exquisito plato puede servirse con salsa de yogur a la menta.

Yaprakes

-Serafadí-

Ingredientes

1 frasco de hojas de parra
1/2 kg de rosbeef molido
300 g de arroz
160 g de orejones de damasco
Aceite, limón, sal y pimienta

Procedimiento

Elegir hojas tiernas de parra, lavarlas bien y blanquear o bien utilizar las que vienen envasadas. Mezclar la carne con el arroz bien lavado, sal, pimienta a gusto para el relleno.

Se arman los niños envueltos sobre las hojas de parra, colocando la nervadura hacia arriba. Hay que quitarles, con un cuchillo el cabito o si es muy tierna, golpearla con el cabo del cuchillo. cuando se ha armado el niño cuidar que los bordes estén cerrados para evitar que se pierda el relleno, disponer en la olla uno junto a otro, al terminar la fila se colocan damascos bien lavados, alternando los niños y los damascos hasta terminar.

Agregar tres cucharadas de aceite, sal y agua y tapar con un plato para presionar. Cuando el arroz esté tierno, se le agrega el jugo de medio limón y una cucharada de azúcar para suavizar.

Cocinar lentamente por espacio de 1 hora o hasta que las hojas estén tiernas. Este representa un plato típico de los sábados en la mesa de los sefaradim de Medio Oriente.

Musaka de berenjenas
Musakas me Melitsanes -Griego-

Ingredientes

2 berenjenas grandes
Aceite de oliva
1 cebolla
1 diente de ajo
3 tomates
500 g de carne picada
100 g queso parmesano rallado
1/2 taza de pan rallado
Sal, pimienta, canela

Salsa

4 cdas. de manteca
4 cdas. al ras de harina
1/2 litro de leche
3 huevos
Sal y nuez moscada

Procedimiento

Proceder a cortar las berenjenas en lonjas y freírlas en el aceite de oliva, la carne freírla en tres cucharadas escasas de aceite de oliva, añadir la cebolla y el ajo picados, los tomates pelados y triturados, la sal, la pimienta, la canela y dejar cocer tapado a fuego lento por espacio de 30'. Retirar del fuego e incorporar la mitad del queso rallado.

Salsa

Fundir la manteca, retirar del fuego e incorporar la harina mezclando, hasta tornarla homogénea, colocar nuevamente al fuego y añadir la leche, sin dejar de revolver hasta que se forme una salsa espesa. Batir los huevos y mezclar la sal y la nuez moscada e incorporar esta preparación a la salsa, dejar que llegue a ebullición una vez y añadir el queso restante. Espolvorear con el pan rallado una fuente para horno y colocar la mitad de las lonjas de berenjenas, disponer la carne picada por encima y cubrir con las lonjas restantes. Esparcir la salsa y dejar cocer, en horno precalentado, por espacio de 35'.

Puede servirse con ensalada de estación y queso griego o de cabra.

Ajíes rellenos

armenio

Ingredientes

8 ajíes rojos y verdes de tamaño semejante
400 g de pulpa de cordero molido
300 g de trigo mediano
1 taza de perejil picado
1/2 taza de menta fresca picada
2 tomates picados
1 ají rojo y 1 verde
1 cebolla grande
2 dientes de ajo
1 cda. de extracto de tomate
sal, pimienta, bahar, kimión, pimienta de cayena

Varios

200 c. c. de yogur natural
1 diente de ajo
1porción de tomates triturados
1 limón

Procedimiento

Retirar las tapas a los ajíes. Aparte mezclar la carne de cordero con el trigo y demás ingredientes, aromatizar con las especias y cocinar por espacio de 40', antes de retirar incorporar el zumo de 1 limón.

Servir con salsa de yogur a la menta y/o salsa de tomates.

Berenjenas rellenas
con carne
Sheij al Mahshi -Arabe-

Ingredientes
8 berenjenas medianas

Relleno
500 g de carne molida de cordero o novillo
4 cebollitas de verdeo
1 ají morrón verde
4 cebollas
1 puerro
3 tomates
3 dientes de ajo
6 cdas. de aceite de oliva
1 cdita. de salsa concentrada
Pimentón, ají molido, sal y pimienta a gusto

Varios
Aceite para freír
8 lonjas de queso muzzarella
Jugo de 1 limón
250 g de caldo de verdura
Perejil

Procedimiento
   Saltear en aceite las berenjenas enteras y con cáscara, reservar. Preparar el relleno, rehogando la cebolla, el puerro, el ajo y los ajíes finamente picados en el aceite de oliva. Cocinar 15' e incorporar la carne molida, dejar 10' más e integrar los tomates bien picados, la salsa y las especias a gusto. Una vez tibio, agregar el perejil picado.
   Practicar un corte a lo largo a las berenjenas y sin retirar la pulpa, rellenar con la preparación anterior. Colocar en una asadera con el caldo y el zumo de limón. Alternativamente se puede disponer sobre cada berenjena 1 lonja de tomate o muzzarella o bien las dos a la vez. Hornear por espacio de 10'. Llevar a la mesa espolvoreado con perejil picado.

Alcauciles rellenos
-Gangar dolma-

Ingredientes

8 alcauciles
Agua fría con el jugo de 1 limón
250 g de carne picada de cerdo o de cordero, con un poquito de grasa
30 g de manteca
200 g de cebolla picada
30 g de piñones
1 cucharada de perejil picado
Jugo de medio limón
110 c.c. de agua ligeramente salada
2 cucharadas de aceite de oliva
2 tomates
Sal, pimienta y ají picante rojo

Procedimiento

Preparar los alcahuciles retirando las hojas externas; cortando las puntas con espinas. Presionar la parte cortada contra la mesada para aflojar las hojas para que el relleno pueda después ser colocado en el centro y entre las hojas.

A medida que son preparados sumergirlos en agua con limón. Para el relleno, derretir la manteca en una cacerola, colocar la carne y mezclar hasta que cambie de color, unir la cebolla y dejar cocinar hasta que se torne brillante y transparente. En este momento incorporar los piñones, el perejil, las especias y, si se quiere, dos o tres cucharadas de tomate licuado. Rellenar los alcahuciles presionando bien el compuesto de carne en el centro y entre las hojas y disponerlo en una fuente: colocar entre ellos las fetas de tomate; agregar el agua con el jugo de medio limón y dos cucharadas de aceite, salar, y cocinar cubierto a calor moderado alrededor de 5 minutos, controlando que el jugo no se evapore completamente.

Servir los alcahuciles acompañados de salsa de limón y huevos.

Cebollitas rellenas

-Sefaradí-

Ingredientes

1 kg de cebollas
200 g de azúcar
250 g de ciruelas negras
250 c.c. de caldo de verdura

Relleno

250 c.c. de aceite de maíz
1,200 kg de cebollas
250 g de arroz
1/2 taza de perejil
1 cdita. al ras de extracto de tomate
200 g de nueces
1 cdita. de menta seca picada
1 cdita. de canela
1/4 cdita. de clavo de olor molido
Sal y pimienta a gusto

Procedimiento

Blanquear las cebollas para que se tiernicen, separar sus hojas y reservar. Por otro lado preparar el relleno rehogando la cebolla finamente picada en el aceite, hasta que se tornen transparentes, en ese instante incorporar el arroz (previamente lavado) dejando que se cocine por espacio de 8 minutos con el recipiente tapado, finalmente agregar los demás ingredientes, es decir el perejil picado, el extracto, las nueces picadas y las especias a gusto. Una vez que el relleno esté frío, procedemos a colocar en cada hojita de cebolla una porción de la misma, presionando muy bien, dándole forma alargada y disponiéndolas en una placa hasta terminar. Luego gratinar al horno con el azúcar las ciruelas descarozadas y el caldo, por espacio de 30 minutos, dejar enfriar y servir.

Empanadas de hortalizas

Ingredientes
Masa
Idem empanada de carne

Relleno
800 g de acelga
3 cebolllitas de verdeo
1 ají rojo
1 aji verde
2 cebollas comunes
30 g de manteca
150 c.c. de leche
50 g de harina
Zahtar, bahar y kimión (especias orientales)
Sal, pimienta, ají molido y pimentón

Procedimiento
Hervir la acelga al vapor, escurrir y picar finamente. Incorporar las cebollitas de verdeo, las cebollas y los ajíes también picados. Por último, agregar la manteca, la leche y la harina; espesar unos minutos, dejar enfriar bien y rellenar cada disco de masa, cerrando en forma triangular. Hornear a temperatura elevada por espacio de 20 a 25 minutos aproximadamente.

DULCES
Y
LICORES

DULCES Y LICORES

La difundida propensión de los armenios por los dulces, saboreados solamente como conclusión de las comidas, con el café, pero siempre presentados en cualquier momento del día, deriva seguramente de la originaria disponibilidad de frutas dulces y perfumadas, propias de su tierra.

Damascos, ciruelas, granadas, uvas e higos, crecen en abundancia sobre el altiplano armenio y alcanzan un nivel de calidad difícil de encontrar en otras partes. Exactamente de la disecación de los jugos de uva y de otras frutas, eran antiguamente obtenidas las primeras materias dulcificantes.

En una comida armenia la fruta nunca falta. Además de fresca ella es consumida cocida, a menudo preparada junto con la seca que se había separado para los meses invernales.

Están después las dulcísimas confituras, siempre listas para ofrecer a los invitados con el té, la fruta en almíbar, y los licores a base de fruta.

Con cada tipo de fruta fresca y seca son preparadas ricas y variadas ensaladas de frutas.

Con respecto a los dulces verdaderos y propios, su preparación era originariamente relacionada con las ocasiones festivas y ceremoniales. Todavía hoy, por ejemplo, el anushabur (literalmente sopa dulce) es preparada exclusivamente para la fiesta de Navidad y Fin de Año.

El mismo nombre del paklava (en la dicción del armenio oriental pahki halva, dulce de Cuaresma) vuelve a relacionarse a la rigurosa alternancia de períodos de penitencia y períodos de fiesta característicos de la tradición religiosa armenia.

El paklava es en todo caso el rey de los dulces armenios. Su exquisita finura no tardó en ser notada por parte de los pueblos vecinos y ahora el paklava es absolutamente ubicable y siempre presente en todo Medio Oriente.

Es muy grande la variedad de arrolladitos dulces (kadayif, burma, berek, etc.) y toda una serie de pequeños dulces, "tortelli" y galletitas guarnecidas de frutas secas, nueces y almendras, de los cuales se hacen gran uso en todos las ocasiones. De delicadeza particular son los sciacarlokma (bocaditos de azúcar), la más digna conclusión de una velada, junto con el café.

Almíbar para las masas de hojaldre

Ingredientes

1 kg de azúcar
2 1/2 tazas de agua
2 rodajitas de limón
1 rama de canela
3 clavos de olor

Procedimento

Colocar el agua y el azúcar en un recipiente junto con el limón y las especias. A partir del momento de hevor (siempre a fuego vivo y constante), dejar de 7 a 10', varía según la calidad del azúcar. Controlar si hemos obtenido el punto deseado, retirando el almíbar y colocando 1 cda. a enfriar en un plato. Si hemos obtenido el punto de hilo mediano, o sea que las gotas caen semi-espesas, tenemos el almíbar listo para usar.

Nota importante

-Preparar el almíbar el día anterior a utilizar.
-No tapar hasta que esté totalmente frío.
-Conservar en frascos hasta 1 año.
-La temperatura a utilizar en los postres con masa de hojaldre debe ser opuesta, o sea: el almíbar frío sobre el postre caliente o viceversa.

PREPARACIÓN DE LA MANTECA PARA LAS MASAS DE HOJALDRE

En un recipiente fundir la manteca a baño de María. Retirar la espuma que se forma en la superficie. Colocar con un cucharón la manteca propiamente dicha que se aprecia de color amarillo en frascos, para su posterior utilización; y el suero blanco que se deposita en el fondo, desecharlo. Este procedimiento se denomina "clarificar la manteca".

Kadaif con crema

Ingredientes

750 g de kadaif crudo
250 g de manteca
500 g de ricota
200 c.c. de leche.
1 huevo
2 cdas. de azúcar

Almíbar

500 g de azúcar
200 c.c. de agua
2 rodajas de limón
3 clavos de olor
1 ramita de canela

Procedimiento

Mezclar la manteca derretida con el kadaif. Dividir la masa en dos partes y colocar presionándola en una asadera de 30 cm. x 40 cm. Por otra parte, mezclar la ricota con la crema, el huevo y el azúcar disponer sobre la masa y cubrirla con la otra mitad del kadaif. Cocinar a horno moderado por espacio de 45', rociar con el almíbar frío y consumir tibio.

Deditos de novia

Ingredientes

250 g de masa "fila"
150 g de manteca clarificada

Relleno

150 g de nueces picadas
1/2 cdita. canela molida
1 pizca de clavo de olor molido
2 cdas. de azúcar

Procedimiento

Preparar el almíbar con los ingredientes dados, a punto de hilo mediano. Dejar enfriar. Mezclar los ingredientes del relleno. Untar el fondo de una asadera con manteca. Tomar 2 hojas de masa, pincelar con la manteca y colocar un poco del relleno; envolver como deditos, colocar en la asadera y pincelar nuevamente con manteca. Una vez dispuestos todos de esta manera, cortarlos del ancho deseado. Cocinar a fuego fuerte durante 20 minutos y luego continuar la cocción a fuego moderado 25 minutos más. Retirar, dejar reposar unos minutos y bañar con el almíbar frío.

Servir una vez bien frío y cuando el almíbar haya sido absorbido.

Masitas de membrillo y almendras

Ingredientes

200 g de harina
200 g de manteca
200 g de ricota
1 pizca de sal
1 taza de jalea de membrillo o dulce
almendras (cantidad necesaria)

Procedimiento

Cortar en trozos la manteca sobre la harina, incorporar la ricota, la sal y continuar mezclando hasta desmenuzar totalmente. Luego amasar con las manos hasta obtener una masa uniforme, dejar descansar en lugar fresco. Mezclar el membrillo con las almendras. Estirar la masa a un espesor de 1 cm. cortar con cortapastas de 6 cm. de diámetro y colocar un poco de relleno. Hornear en horno moderado 15'.

Buñuelos en almíbar

-Lojma-

Ingredientes

500 g de harina leudante
2 cdas. al ras de levadura cerveza
2 tazas de agua

Almíbar

500 g de azúcar molida
200 c.c. de agua tibia
2 rodajas de limón
3 clavos de olor
1 ramita de canela

Procedimiento

Mezclar la harina con la levadura, incorporar el agua y batir de 3 a 4 minutos; al quedar una masa elástica y consistente freír en abundante aceite y luego ir pasando por el almíbar frío, uno por vez.

Mamul

Ingredientes

500 g de sémola
200 g de manteca
200 g de harina
180 c.c. de leche
25 g de azúcar
1 cdita. de polvo de hornear

Relleno

200 g de nueces
100 g de azúcar
1 cdita. de agua de azahar

Procedimiento

Derretir la manteca, incorporar la sémola y luego el resto de los ingredientes: harina, azúcar, leche caliente y el polvo de hornear; amasar hasta obtener un todo maleable. Picar las nueces, mezclarlas con el azúcar y el agua de azahar y rellenar los mamul que formamos con bollitos de masa que ahuecamos con el dedo y damos forma con el TAVI. Hornear a temperatura moderada, por espacio de 15 minutos aproximadamente; retirar y espolvorear con azúcar impalpable.

Budín de miel

-Leicaj-

Ingredientes

6 huevos (ó 4 huevos y 1/2 taza de café)
1 taza de azúcar
1 taza de miel
2 cditas. de aceite
3 1/2 tazas de harina
2 cdas. de polvo de hornear
1/4 cdita. de clavo de olor
1/2 cdita. de canela
1/2 taza de pasas
1/2 taza de nueces picadas
1/4 taza de cáscara de limón abrillantada, bien picada
2 cucharadas de coñac

Procedimiento

Batir los huevos con el azúcar hasta que estén cremosos. Agregar la miel y el aceite. (Si se emplean 4 huevos hay que diluir la miel en el café caliente antes de incorporarla).

Tamizar la harina y polvo de hornear, mezclarla con las nueces, la canela, el clavo de olor y las frutas, incorporar a la preparación de los huevos con el azúcar, por último, añadir el coñac. Disponer el Leicaj en un molde alargado para budín, enmantecado y enharinado. Cocinar a horno moderado, por espacio de 40' aproximadamente o hasta que tome un lindo color dorado. Servir espolvoreado con azúcar impalpable.

Paklava

-Baclaba-

Ingredientes

500 g de masa "fila"
300 g de manteca clarificada y tibia

Relleno

300 g de nueces picadas
2 cdas. de azúcar
2 cditas. de canela molida
1 pizca de clavo de olor

Almíbar

3 tazas de azúcar
1 taza de agua
1 rodajita de limón

Procedimiento

Mezclar las nueces con la canela, el clavo de olor y el azúcar. Aparte separar en 2 partes iguales la masa; untar con la manteca tibia un recipiente para horno de 20 x 30 cm.; acomodar hoja por hoja la masa fila en la asadera, salpicándola con manteca, hasta llegar a la mitad. Esparcir en forma pareja el relleno sobre la preparación y colocar sobre el resto de la masa, repitiendo la operación anterior. Con un cuchillo bien filoso cortar en rombos y rociar por encima con la manteca restante. Cocinar a horno fuerte 20', luego reducir la intensidad y continuar la cocción 30' más, hasta que la superficie tome tono dorado. Retirar y dejar reposar 5'. Rociar con almíbar frío que preparamos colocando en un recipiente el azúcar y el agua, junto con el limón, hasta que tome punto hilo flojo.

Finikia con relleno de nueces

Ingredientes

200 g de manteca
3 cdas. de azúcar
3 cdas. de aceite
100 c.c. de leche
500 g de harina. 2 cdas. de polvo para hornear
100 g de nueces picadas

Almíbar

500 g de azúcar
1 taza de agua
1 rodajita de limón
2 clavos de olor
1 ramita de canela

Procedimiento

Preparar el almíbar y dejar enfriar; batir bien la manteca, el azúcar y el aceite; añadir la leche y la harina tamizada con el polvo de hornear. Formar una masa blanda, separar en pequeñas porciones alargadas ahuecar y rellenar con una cucharadita de nueces picadas. Cocinar a temperatura moderada por espacio de 30 minutos, aproximadamente hasta que estén suavemente doradas. Retirar y cubrir con el almíbar frío.

Espolvorear con nueces picadas.

Delicias orientales rellenas con dátiles y nueces

Ingredientes

200 g de manteca.
120 g de azúcar impalpable
1/2 copita de coñac o anís dulce
1 cdita. esencia de vainilla
1/2 cdita. de polvo de hornear
380 g de harina común

Varios

200 g de dátiles
150 g de nueces
2 cdas. de azúcar
1 cdita. de canela
1/4 cdita. de clavo de olor en polvo
Azúcar impalpable para espolvorear

Procedimento

Batir a punto crema la manteca; luego incorporarle el azúcar impalpable y continuar batiendo. Agregar el anís dulce o coñac, la esencia y por último la harina mezclada con el polvo de hornear.

Dividir la masa en pequeñas esferitas, ahuecar y rellenar con la mezcla de dátiles, nueces, azúcar, canela y clavo de olor. Dar forma con el TAVI y hornear a temperatura moderada por espacio de 25 minutos aproximadamente. Retirar y espolvorear con azúcar impalpable.

Postre típico armenio de Navidad

-Anush Abur-

Ingredientes

250 g de trigo entero
250 g de orejones de damasco
250 g de pasas rubias
500 g de azúcar
750 c.c. de agua
200 g de avellanas
200 g de almendras
3 cditas. de canela
1/2 cdita. de clavo de olor

Procedimiento

Lavar el trigo, dejar sumergido en agua durante la noche; al día siguiente cocinar durante 1 1/2 hora. Cortar las damascos en pequeñas porciones; lavar las pasas e incorporar al trigo junto con el azúcar. Cocinar todo por espacio de 20 minutos más; retirar del fuego, entibiar y moldear en un savaren. Cuando se desmolda, esparcir sobre su superficie las almendras, y avellanas tostadas. Servir tibio.

Cilindrios rellenos con nueces y especias

Kadaif -knafi-

Ingredientes

300 g de masa de kadaif
120 g de manteca
200 g de nueces
1 cda. de azúcar
1 cdita. de canela
1/2 cdita. de clavo de olor

Almíbar

400 g de azúcar
1 rodajita de limón
1 ramita de canela
2 clavitos de olor

Procedimiento

Tomar una porción de la masa de kadaif, colocar 1 cucharadita del relleno, compuesto por las nueces picadas, mezcladas con la cucharada de azúcar, la cdita. de canela y la cdita. de clavo de olor en polvo, rociar con manteca clarificada e ir envolviendo sobre sí mismo, como si semejara un cilindro. Se coloca uno al lado del otro en una placa enmantecada y se lleva a horno de temperatura moderada, por espacio de 40', aproximadamente o hasta que se obtenga un lindo color dorado.

Preparamos el almíbar con los ingredientes dados y agua que cubra el azúcar, dejamos hervir por espacio de 8', retiramos, dejamos enfriar y rociamos con este almíbar los kadaif, cuando los retiramos del horno. Dejamos enfriar y servimos con un rico café armenio.

Delicias rellenas con nueces

Ingredientes

200 g de manteca
140 g de azúcar
1 copita de anís dulce
1 cdita. de esencia de vainilla
380 g de harina común
1/4 cdita. de polvo de hornear

Relleno

150 g de nueces
1 cda. de azúcar
1 cdita. de canela
1/4 cdita. de clavo de olor molido

Procedimiento

Batir la manteca a punto crema, incorporar el azúcar de a poco. Continuar batiendo y agregar la copita de anís, la esencia de vainilla y revolver; por último, añadir la harina cernida con el polvo de hornear. Habremos obtenido el punto deseado cuando podamos moldear pequeñas porciones de la masa, sin que se pegue. Rellenamos luego de ahuecar, damos formas diversas con el "TAVI" (utensilio especial) y horneamos a temperatura moderada por espacio de 30 minutos.

Retiramos y espolvoreamos con azúcar impalpable.

Budín navideño de dátiles y nueces

Ingredientes

150 g de manteca
250 g de azúcar
4 huevos
300 g de harina
2 cditas. de polvo de hornear
1 copita de coñac
400 g de dátiles
250 g de nueces picadas
1 cdita. de esencia de vainilla
1 cdita. de canela
1/2 cdita. de clavo de olor
1/4 cdita. de jengibre.

Procedimiento

Batir la manteca con el azúcar, hasta que esté bien cremosa, incorporar los huevos, de a uno por vez, batiendo después de cada adición. Extraer a los dátiles el carozo, colocarlos 5' remojados en agua caliente. Aparte cernir la harina con el polvo de hornear e ir intercalándolo a la preparación anterior con el coñac, las nueces picadas, los dátiles y por último la esencia de vainilla y las especias.

Colocar en un molde alargado de 35 cm. de largo por 5 cm. de ancho (especial), enmantecado y enharinado. Cocinar en horno suave, por espacio de 45' aproximadamente.

Retirar, dejar enfriar, bañar con chocolate y adornar con dátiles y nueces.

Fortalecho
-Sefaradí-

Ingredientes

1/2 kg de ricota
Azúcar a gusto
2 yemas
250 g de masa de hojaldre
Canela a gusto
1 taza de hojas de menta picada

Procedimiento

Se mezcla la ricota con el azúcar, la menta picada las dos yemas de huevo y la canela. Se cortan tiras de 6 cm. de ancho, se coloca una porción del relleno y se cierra en forma de triángulo, luego se fríen en aceite bien caliente y se perfuman con almíbar al que se le ha mezclado unas gotas de agua de azahar. Se sirven espolvoreados con confititos de colores o canela molida.

Kurulaki
-Rosquitas Griegas-

Ingredientes

1 pocillo de leche
1 pocillo de manteca
1 pocillo de aceite de maíz
1 pocillo de azúcar
1/4 cdita. de sal
1 cdita. de polvo de hornear
Harina común, cantidad necesaria
Semillitas de sésamo
1 yema para pintar

Procedimiento

Mezclar la leche con la manteca, el aceite, la sal, el azúcar y realizar una masa incorporando harina tamizada con el polvo de hornear, en cantidad necesaria para obtener una masa de regular consistencia. Tomar pequeñas porciones y dar forma de pequeñas rosquitas, pintar con yema, espolvorear con sésamo y cocinar a horno moderado.

Kopenjagui

-Griego-

Ingredientes

5 huevos
1 taza de azúcar
1 taza de harina tamizada con 2 cdas. de polvo de hornear
1/2 cdita. de canela
450 g de nueces o almendras
250 g de masa "fila"
150 g de manteca

Almíbar

3 tazas de azúcar
1 taza de agua
El jugo de 1/2 limón

Procedimiento

Batir a punto cinta el azúcar con los huevos, tamizar sobre él la harina con el polvo de hornear y la canela, incorporar las almendras o nueces. Enmantecar una asadera de 30 x 20 cm., colocar en su base la mitad de la masa "fila", previamente pincelada con manteca espumada, luego colocar el batido de almendras y cubrirlo con la masa fila restante, untadas en manteca. Marcar porciones rectangulares y llevar a horno de temperatura elevada, por espacio de 40', hasta que su superficie esté dorada. Cuando está casi frío, se lo cubre con el almíbar caliente, consumir al día siguiente.

Suspiros orientales

Ingredientes

250 g de masa "fila"
1/4 kg higos de "Smirna"
50 g de almendras
50 g de nueces
25 g de manteca
1 cda. de miel
100 g de manteca para pincelar
25 g de semillas de sésamo
Canela, clavo de olor en polvo, jengibre

Procedimiento

Se tiernizan los higos de "Smirna" durante 30' con 100 cm3 de agua y 50 grs. de azúcar, se dejan enfriar para luego incorporarle, las nueces, las almendras fileteadas y tostadas, la miel, manteca, canela, clavo de olor y jengibre.

Luego se toma la mitad de la hoja de masa "fila", se pincela y rellena con una poción del dulce de higos, cerrando como pañuelitos se espolvorea con semillitas de sésamo y hornea por espacio de 10', se retira y perfuma con almíbar.

Brazalete de novia

Armenio -Arabe-

Ingredientes

350 g de masa "fila"
250 g de nueces
200 g de manteca
2 cdas. de azúcar
1 cdita. de canela
1/4 cdita. de clavo de olor en polvo

Procedimiento

Mezclar las nueces con el azúcar, la canela y el clavo de olor. Utilizar un palo de amasar de 2 cm. de ancho. Arrollar sobre éste elemento la masa fila doblada por la mitad, frunciendo la masa en ambos extremos. Retirar del palo de amasar fruncida, dar forma circular y disponer sobre placa debidamente enmantecada, semejando un brazalete. Se rellena en el centro con la preparación de las nueces aromatizadas. Luego se rocía cada "brazalete" con manteca y se introduce en horno de calor moderado por espacio de 20' aproximadamente, hasta que tome un lindo color dorado. Al retirarlos, se rocían con el almíbar frío.

Delicia de castañas y locum

Ingredientes

180 g de manteca
170 g de azúcar
3 huevos
190 g de harina
2 cdas. de coñac
1 cdita. de esencia de vainilla
2 bombones de locum picados
150 g de castañas de cajú tostadas
2 cditas. de polvo de hornear
Canela, jengibre, clavo de olor

Procedimiento

Se bate muy bien la manteca, luego se le incorpora el azúcar, los huevos, uno por vez, se aromatiza con la esencia y las especias, el licor y por último la harina cernida con el polvo de hornear, a ésta preparación se le adiciona el locum y las castañas tostadas. Disponemos en una budinera alargada y horneamos por espacio de 40', retiramos y servimos espolvoreado con azúcar impalpable.

Rosquitas

-Armenias-

Ingredientes

500 g de harina
100 c.c. de aceite
50 g de levadura
1 cdita. de sal
1 cda. de azúcar
1 huevo
2 cditas. de anís en grano
Agua tibia, cantidad necesaria y semillitas de sésamo

Procedimiento

Tamizar juntos, sobre la mesa, la harina, la sal y el azúcar. Realizar un hueco en el centro y añadir la levadura disuelta en un poco de agua tibia, el aceite, el huevo y el anís. Amasar muy bien con agua tibia hasta conseguir una masa "mediana". Dejar levar. Luego tomar pequeñas porciones y proceder a armar las rosquitas, pintar con huevo y espolvorear con semillitas de sésamo, dejar levar y cocinar en horno de temperatura elevada, por espacio de 10 minutos. Estas rosquitas resultan deliciosamente crocantes.

Kete con joriz

-Armenio-

Ingredientes

1 kg.de harina
300 cm cúbicos de leche tibia
250 g de manteca
1 cda. de sal
3 cdas. de azúcar
50 g de levadura

Relleno

250 g de manteca
1 taza de harina
1/4 taza de azúcar (optativo)

Procedimiento

Entibiar la leche; agregar la manteca derretida, el azúcar, la sal y la levadura disuelta.

Poner la harina en forma de corona y agregar los ingredientes líquidos, amasando bien, hasta despegar la masa del recipiente. Dejar levar bien tapado en lugar templado.

Dividir la masa en seis bollos; estirarlos en forma redonda y untarlos con el joriz en el centro. Llevar los bordes al cenro hasta tapar. Dejar descansar.

Pasar el palote por encima del keté, con suavidad, dejándolo como una tortilla. hacer surcos en la superficie con un tenedor y pintar luego con huevo. Dejar levar.

Joriz: Fundir la manteca, mezclarle la harina y cocinar sobre fuego lento, revolviendo continuamente con cuchara de madera, hasta que tome color dorado. Agregar azúcar o sal a voluntad.

Mostachudos

-Sefaradí-

Ingredientes

250 g de nueces picadas
4 huevos
1 cdita. de canela
8 galletitas imperiales
250 g de azúcar
1 cdita. de esencia de vainilla
Azúcar impalpable, cantidad necesaria

Procedimiento

Se muelen las galletitas y las nueces, aparte se colocan en un recipiente los huevos, apenas batidos, se le incorporan las nueces, el azúcar y demás ingredientes, se coloca al fuego y se revuelve hasta que se desprenda del fondo.

Se deja enfriar, y tomando pequeñas porciones, se le va dando forma de triángulo o pequeños conitos y pasándolos por azúcar impalpable, se disponen en pirotines.

Sambusec de homs

-Sirio-

Ingredientes

500 g de harina
200 g de manteca
350 g de nueces
150 g de azúcar
250 c.c. de leche
12 g de "mahleb"
70 g de levadura
2 cditas. de sal
1 cdita. de agua de azahar
Azúcar impalpable, cantidad necesaria

Procedimiento

Pasar por el molinillo los granos de "mahleb", incorporar la harina tamizada tres veces, adicionar la manteca fundida, mezclar bien estos ingredientes.

Luego añadir la levadura disuelta en la leche tibia y la sal, amasar muy bien, hasta lograr un bollo blando y elástico. Dejar levar el doble de su volúmen.

Aparte preparar el relleno con las nueces, el azúcar y el agua de azahar. Una vez levada la masa, dividirla en 36 bollitos, estirarlos y colocar una cucharada de relleno. Hacer un repulgue y freír en aceite, escurrirlos y servir tibios o fríos espolvoreados con azúcar impalpable.

Pastel de sémola namura

-Arabe-

Ingredientes

500 g de sémola gruesa
200 g de fécula de maíz
300 c.c. de yogurt natural
400 g de azúcar
2 huevos
50 g de manteca
Ralladura de 1 limón
100 g de almendras
3 cditas de polvo de hornear

Almíbar

3 tazas de azúcar
2 tazas de agua
2 rodajitas de limón

Procedimiento

Batir el yogur, incorporar los huevos batidos, la ralladura, la fécula mezclada con la sémola y el polvo de hornear y por último la manteca tibia. Colocar en una placa de 34 x 25 cm., dejar descansar 25', decorar con las almendras y hornear a temperatura moderada por espacio de 30' aproximadamente.

Cuando retiramos del horno rociamos con el almíbar, dejar enfriar, cortar en cuadrados y servir.

Empanaditas de coco

-Sambusik Yoz Hindi - Arabe-

Ingredientes

450 g de harina común
200 g de manteca
100 g de azúcar
1 cdita. de Mahleb
100 c.c. de leche tibia

Relleno

100 g de coco rallado
100 g de azúcar

Procedimiento

Batir la manteca con el azúcar y el mahleb, hasta obtener punto crema, incorporar la harina, la leche y mezclar hasta obtener una masa suave. Estirar dejándola de 1/2 cm. de espesor y cortar círculos de 5 cm. de diámetro. Colocar una porción del relleno, cerrar como empanaditas y hornearlas a temperatura moderada, por espacio de 20' aproximadamente o freírlas en abundante aceite. No deben dorarse. Retirar y espolvorear con azúcar impalpable cuando aún están calientes.

Anush pilaf

-Armenio-

Ingredientes

2 tazas de arroz
125 g de manteca
250 g de pasas rubias, sin semilla
250 g de orejones de damasco
250 g de ciruelas pasas negras
Azúcar

Procedimiento

Colocar las pasas en una cacerola, cubrir con agua y 4 cdas. de azúcar, cocinar hasta tiernizar. Proceder del mismo modo con los orejones y las ciruelas. Por otro lado cocinar el arroz hasta que esté al dente; retirar y escurrir. Derretir manteca e impregnar con ella el arroz y dejar al calor de la hornalla, por espacio de 10'.

Glacear con un poco de manteca, los orejones, las ciruelas y las pasas. Disponer las frutas en un molde savaren, tapizando sus paredes, luego rellenar y desmoldar.

Pastel de yogur

con pasas

Yogurtopita -Griego-

Ingredientes

2 tazas de sémola gruesa
1 taza de harina
100 g de manteca derretida y tibia
2 tazas de azúcar
1 taza de yogur
4 huevos
3 cditas. de polvo de hornear
Ralladura de 1 limón
1/4 cdita. de sal
50 g de pasas de uva
1 cda. de coñac

Almíbar

3 tazas de azúcar
2 tazas de agua
2 rodajitas de limón

Procedimiento

Remojar las pasas en coñac, batir el yogur, incorporar los huevos, previamente batidos, la ralladura de limón, el azúcar, la harina tamizada con la sémola, el polvo de hornear y la sal, luego adicionar las pasas escurridas y por último la manteca derretida y tibia, colocar en una asadera de 24 x 30 cm., dejar reposar 20' y hornear a temperatura moderada por espacio de 25' a 30' o hasta que tome un lindo color dorado. Preparar el almíbar con los ingredientes dados, y cuando retiramos del horno el pastel, perfumar con éste almíbar, dejar enfriar y servir cortado en pequeñas porciones.

Kejke - masitas con sésamo
-Armenio-

Ingredientes

1 kg de harina leudante
300 g de manteca
2 huevos
300 g de azúcar
275 c.c. (1 taza aproximadamente) de leche tibia oagua de temperatura ambiente
1 huevo para pintar

Procedimiento

Colocar en forma de corona la harina y en el centro la manteca y el azúcar, e ir desintegrando con un desmenuzador, procediendo luego a incorporar la harina. Agregar los dos huevos batidos y el agua o la leche, hasta obtener una masa maleable para poder armar las rosquitas o masitas, luego se pincelan con huevo y se espolvorea con sésamo colocamos a horno moderado 25' a 30' aproximadamente.

Postre de kadaif con nueces
-Armenio-

Ingredientes

1 kg de masa de Kadaif cruda
380 g de manteca

Relleno

400 g de nueces
2 cditas. de canela
1/2 cdita. de clavo de olor
100 g de azúcar molida

Almíbar

1 kg de azúcar
500 c.c. de agua
1 rodajita de limón
1 ramita de canela
3 clavos de olor

Procedimiento

Preparar el almíbar, colocando el azúcar, el agua, el limón, la canela y el clavo de olor en un recipiente y llevar al calor. Cuando rompa el hervor cocinar a fuego vivo 5 minutos, hasta obtener punto de hilo mediano. Por otro lado, picar las nueces y mezclar con el azúcar y las especias. En este momento preparar la masa, mezclando el kadaif crudo deshilado con la manteca fundida, y colocar la mitad de esta preparación en una asadera de 30 x 30 cm. previamente enmantecada, sobre éste el relleno de las nueces. Volver a cubrir con la mitad de la masa restante, prensando muy bien ambas manos y cortando en porciones de 4x4 cm. Hornear a temperatura moderada por espacio de 40 minutos aproximadamente, hasta obtener un lindo color dorado. Retirar del horno y rociar con el almíbar frío. Dejar descansar preferentemente varias horas antes de servir.

Galaktoboureko

-Griego-

Ingredientes

7 1/2 tazas de leche
2 tazas de azúcar
1 taza de semolín
2 cditas. de polvo de hornear
3 huevos
1/2 taza de manteca
1 cdita. de esencia de vainilla
Ralladura de 1 limón
40 hojas de masa fila

Almíbar

2 tazas de azúcar
1 1/2 taza de agua
1 rodaja de limón
2 clavos de olor

Procedimiento

Hervir la leche con el azúcar, la esencia de vainilla y la ralladura de limón. Agregar de a poco el semolín, adicionar los huevos uno a uno batiendo enérgicamente y enfriar. Enmantecar una asadera, colocar 20 hojas de masa fila, enmantecando bien entre medio de cada una, verter sobre el filo la preparación del semolín y luego cubrir con el resto de masa fila también enmantecada. Marcar porciones, sin llegar al relleno, pintar por último toda la superficie con manteca y llevar a horno caliente durante 10', en ese momento reducir la temperatura y extender la cocción por espacio de 30' más o hasta que tenga un lindo color dorado. Retirar, entibiar y bañar con el almíbar.

Scalchunia

-Griego-

Ingredientes

200 g de manteca
175 g de azúcar impalpable
1/2 cdita. de sal
1 cda. de coñac
1 cdita. de esencia de vainilla
1 yema
1 cdita. de polvo de hornear
600 g de harina
Agua de azahar y azúcar impalpable

Relleno

1 taza de miel
1/4 taza de agua 150 g de nueces picadas
2 cditas. de canela
1 cdita. al ras de clavo de olor molido
2 cdas. de galleta marinera

Procedimiento

Batir muy bien la manteca, incorporar el azúcar impalpable, continuar batiendo, luego adicionar la yema, el licor, la esencia y la harina tamizada con el polvo de hornear. Obtenemos de este modo una masa homogénea que podemos dividir en pequeñas porciones y luego rellenamos.

Relleno

Dejamos tomar varios hervores a la miel conjuntamente con el agua, luego adicionamos las nueces, las especias y la galleta marinera rallada, dejamos enfriar y utilizamos de relleno para la masa, cerramos y damos forma de empanaditas. Horneamos sobre la placa, ligeramente enmantecada y enharinada, a horno moderado, por espacio de 25' aproximadamente. Cuando se retiran del horno se rocían con agua de azahar y se espolvorean con azúcar impalpable de ambos lados.

Polvorones con nueces

Gurebie -Armenio-

Ingredientes

200 g de manteca
1 pocillo de azúcar impalpable
1 yema de huevo
Esencia de vainilla
1 copa de licor
1/2 cdita. de polvo para hornear
400 g de harina
Nueces picadas a gusto
Azúcar impalpable

Procedimiento

Batir la manteca hasta que esté bien blanca, agregar el azúcar y seguir batiendo; agregar la yema, la esencia, el licor, el polvo para hornear y las nueces picadas, ir agregando la harina cernida hasta que tome la masa, luego darles la forma deseada.

Cocinar a horno moderado 40' sin dejar que se doren.

Turroncitos de sésamo

-Sefaradí-

Ingredientes

200 g de sésamo
300 g de azúcar

Procedimiento

Colocar en una sartén el sésamo y el azúcar. Ir removiendo sobre el fuego suave, hasta que la preparación tome un color dorado claro. Derramar el contenido de la sartén, sobre el mármol aceitado, y alisar enérgicamente con el palo de amasar, que debe estar untado con aceite. Cortar, rápidamente, en cuadraditos (antes que se enfríe) y servir en pirotines.

Halva persa

-Ingov Hrushag-

Ingredientes

1 taza de fécula de maíz
2 tazas de azúcar
2 tazas de agua hirviendo
120 gramos de manteca
1/2 taza de nueces para decorar
1/2 cdita. de canela molida
1/2 cdita. de mahleb

Procedimiento

Poner en una cacerola media taza de azúcar y hacer, a fuego moderado, un caramelo color rubio claro, agregar la manteca, el agua hirviendo y el azúcar restante, mezclar bien y dejar hervir 3 minutos. Aparte diluir la fécula de maíz con un poco de agua fría cuidando que no se agrume e incorporarlo mezclando lentamente con la preparacion anterior y cocinar a fuego lento hasta lograr una crema muy espesa y retirar. Verter en recipientes individuales adecuados, decorar con las nueces y espolvorear por encima con canela. Servir tibio o frío.

Postre típico de Irak

-Halawt al Tahín.

Ingredientes

150 g de harina
200 g de azúcar
400 c.c. de agua
150 g de manteca
100 g de almendras
1 cucharadita de cardamomo

Procedimiento

Realizar un almíbar liviano con el azúcar y el agua, integrar el cardamomo antes de retirar del fuego. Luego, proceder a dorar en la manteca, las almendras, peladas y fileteadas, una vez tostadas, retiramos, e incorporamos la harina, revolviendo continuamente hasta tornarse tostado. Retiramos del fuego, incorporamos el almíbar, y la mitad de las almendras mezclando muy bien. Retornamos al fuego hasta formar una masa espesa. Para servir, colocamos este delicioso postre en porciones individuales, y lo decoramos con las almendras restantes.

Piñonati

-Sefaradi-

Ingredientes

3 huevos
450 g de harina

Almíbar

750 g de azúcar
1 litro de agua
1 cda. de limón

Procedimiento

Batir enérgicamente los huevos, añadir la harina en forma de lluvia, hasta obtener una masa tierna. Cubrir con un lienzo y dejar descansar 3 1/4 de hora. al cabo de este tiempo, colocar la masa sobre la mesa e ir separándola en pequeñas porciones, como para formar ñoquis; si la masa esta muy blanda, al trabajarla espolvorear con harina. Deben cortarse de unos tres centímetros cada uno e ir disponiéndolos sobre un lienzo. Colocar en una olla el azúcar y el agua al calor, al levantar el primer hervor, añadir la cucharada de limón. Bajar el fuego a moderado y cuando comienza a hervir nuevamente, incorporar todos los piñonatis y dejar que hiervan suave, pero a temperatura constante. Como el azúcar tiende a elevarse, ir bajando el líquido con una espumadera, nunca bajando el calor. Continuar de esta manera, hasta que los piñonatis, tomen un lindo color dorado. Se sirven sobre hojas de naranjo. Es un plato típico sefaradí.

Hadig
-Armenio-

Entre los armenios es tradición que, cuando un bebé trae felicidad al hogar y corta el primer diente, se comunica con júbilo dicho acontecimiento, invitando a parientes y amigos a festejar el suceso y para esa oportunidad se prepara el postre "Hadig" que lo realiza la primera mujer dentro de la familia que descubre el diente.

Ingredientes

500 g de trigo entero
100 g de pasas de uva negra
100 g de pasas de uva blanca (sin semilla)
200 g de nueces
100 g de avellanas
100 g de almendras
2 granadas
250 g de azúcar

Procedimiento

Cocinar el trigo en abundante agua durante 1 hora aproximadamente, escurrir muy bien, incorporar el azúcar, las pasas y volver nuevamente al fuego por 5 minutos, siempre revolviendo, retirar y adicionar la mitad de las frutas a la preparación y el resto sobre el Hadig dispuesto en una fuente, espolvoreado con los granitos rojos de la granada. Servir tibio.

Delicia de nuez con merengue
-Sefaradí-

Ingredientes

250 g de nueces
3 huevos
70 g de azúcar
50 g de galletitas Canale (bizcochos dulces)
1 cdita. de ralladura de de limón

Procedimiento

Moler las nueces y hacer lo propio con las galletitas, incorporar el azúcar, luego adicionar de a poco los huevos batidos, la ralladura y mezclar muy bien, debe quedar una textura semiespesa. Se hornea en budinera alargada de 5 cm. x 40 cm. o en tortera de 25 cm. de diámetro, enmantecada, a baño de María, por espacio de 20 minutos y 10 minutos más, retirándolo del baño de María.

Retirar del horno, desmoldar y una vez frío, se lo cubre con el siguiente merengue: 3 claras y 9 cucharadas de azúcar.

Se baten las claras a punto de nieve firme, incorporar de a poco el azúcar en forma de lluvia. Con este merengue adornar el budín y hornear por unos minutos a fuego moderado, para dorar. Servir, cortando en pequeñas porciones.

Simit de Izmir

Ingredientes

200 g de manteca fundida
225 g de azúcar
100 c.c. de leche
2 cditas. de polvo de hornear
3 huevos
800 g de harina

Semillas de sésamo
1 huevo para pincelar

Procedimiento

Batir los huevos, agregar la manteca, el azúcar y la leche. Añadir la harina cernida con el polvo de hornear y una pizca de sal. Obtener una masa semi-dura. Formar unas esferitas del tamaño de una nuez, con las palmas extenderlas hasta una medida de 22 cm. Colocada en forma horizontal, llevar el extremo derecho a la izquierda y volver nuevamente a la derecha, de manera que quede doblado en 1/3. Unir los extremos, pincelar con huevo, espolvorear con semillas de sésamo y hornear, a temperatura moderada por espacio de 30'.

Masitas almendradas
-Arabe-

Ingredientes

125 g de manteca
125 g de azúcar
125 g de harina
2 huevos ligeramente batidos
1 1/2 cucharadita de polvo de hornear
1 pizca de sal
Ralladura de 1 limón
Jugo de 1/2 limón
50 g de almendras peladas y fileteadas o picadas
25 g de azúcar
1 cucharadita de canela molida

Procedimiento

Tamizar la harina con la sal y el polvo de hornear. Batir la manteca con el azúcar hasta obtener una crema clara y esponjosa, agregar sin dejar de batir los huevos de a poco. Incorporar la ralladura de limón y el zumo, adicionar la harina, mezclando suavemente. Verter en un molde enmantecado y enharinado de 20x30 cm., espolvorear con canela y en forma pareja las almendras, cocinar a horno caliente 10/15' o hasta que se doren, retirar, cortar enseguida en cuadrados o en rombos, colocar sobre rejilla y dejar enfriar bien.

Pastel de naranja

Ingredientes

250 g de harina
100 g de azúcar
220 c.c. de jugo de naranja
2 huevos
80 g de manteca derretida
1/2 cdita. de sal
2 cditas. de polvo de hornear
50 g de coco rallado (optativo)

Almíbar

100 g de azúcar
Jugo de 2 naranjas
El jugo de un limón

Varios

Coco rallado, en cantidad necesaria

Procedimiento

Tamizar la harina, con el polvo de hornear y la sal. Batir los huevos con el azúcar, incorporar la ralladura de naranja, la manteca derretida. Adicionar la harina alternando con el zumo de naranja. Disponer en tortera enmantecada y enharinada cocinar a horno de temperatura moderada por espacio de 30' a 40', retirar, dejar enfriar 5' y bañar con el almíbar semi-espeso, ambas preparaciones deben estar tibias, luego espolvorear con coco rallado.

Bocaditos orientales

Ingredientes

375 g de chocolate cobertura
3/4 lata de leche condensada
1 pizca de sal
80 g de pasas de Esmirna
80 g de almendras peladas y tostadas
90 g de manteca

Procedimiento

Derretir el chocolate, calentar la leche condensada a baño de María e incorporarla al chocolate, mezclando constantemente. Cortar la manteca en trozos y adicionar a la preparación anterior junto con las pasas, las almendras y la sal. Mezclar todo muy bien y mantener a baño de María. Colocar pequeñas porciones de la mezcla en pirotines, enfriar y desmoldar.

Delicia de ciruelas y almendras

Ingredientes

75 g de almendras
100 g de azúcar
100 g de ciruelas secas picadas
50 g de manteca
150 c.c. de agua tibia
1/2 cdita. de bicarbonato
2 cdas. de licor
2 huevos
225 g de harina leudante

Procedimiento

Mezclar las almendras con las ciruelas, el azúcar, la manteca, el agua tibia y el bicarbonato y calentar durante 5'. Dejar descansar la mezcla durante 1 hora. Luego, añadir los huevos, el licor, la harina y mezclar bien. Enmantecar y enharinar un molde alargado, verter la preparación y cocinar en horno suave durante 45'. Retirar, enfriar y servir espolvoreado con azúcar impalpable.

Postre de sémola con coco

Ingredientes

500 g de sémola gruesa
150 g de harina
500 g de azúcar
100 g de coco rallado
300 c.c. de yogur natural
80 g de manteca
2 huevos
3 cditas. de polvo de hornear
1 pizca de sal
Ralladura de 1 limón

Almíbar

750 g de azúcar
500 c.c. de agua
1 rodajita de limón

Varios

Coco rallado

Procedimiento

Batir el yogur, incorporar el azúcar, la ralladura de limón, los huevos, la harina tamizada con la sal y el polvo de hornear, la sémola, el coco rallado, la manteca tibia y continuar batiendo. Colocar en una asadera de 26 x 36 cm., dejar descansar 25 minutos y hornear a temperatura moderada, por espacio de 30 minutos hasta dorar. Retirar. Por otro lado, preparar el almíbar, dejar enfriar y rociar el postre. Dejar entibiar, espolvorear con coco rallado, servir frío cortado en pequeñas porciones, dispuestas en pirotines.

Locum de rosas

-Arabe-

Ingredientes

1 cdita. de manteca
2 tazas de azúcar molida
1 1/4 tazas de agua
1 cda. de jugo de limón
4 sobrecitos de gelatina pura en polvo sin sabor (28 g)
1/2 taza de agua caliente
2 cditas. de agua de rosas
3 gotas de colorante carmín
1/2 taza de azúcar impalpable
1/4 taza de maicena

Procedimiento

Untar con la manteca una placa de 16 cm. de lado. Reservar.

Colocar el azúcar con el agua y el jugo de limón en una cacerola, revolver hasta disolver, colocar sobre el fuego. Hervir hasta que tome punto de bolita dura. Retirar y dejar reposar durante 10 minutos. Disolver la gelatina en la media taza de agua caliente, batir para que no queden grumos, adicionar el agua de rosas y el colorante; adicionarla al almíbar; con una cuchara de madera, revolver sin cesar hasta unir ambas preparaciones. Volcar lentamente en la placa y dejar durante la noche en un lugar fresco para que se solidifique. Al día siguiente desmoldar sobre una tabla, cortar en cubos de 2 1/2 cm. por 2 1/2 cm. e ir pasando cada uno de los locum por la preparación de azúcar impalpable y maicena tamizada.

Postre suave de fécula de maíz

Bastek -Armenio-

Ingredientes

200 g de azúcar
2 cdas. colmadas de fécula de maíz
1/2 cdita. de "mahleb" molido
1/2 litro de agua hirviendo.
Nueces, cantidad necesaria.

Procedimiento

A fuego moderado colocar 2 cdas. de azúcar, hacer un caramelo e incorporar el agua hirviendo y el resto del azúcar revolviendo constantemente. Disolver aparte la fécula de maíz con unas cucharadas de agua y agregar a lo anterior. Cocinar a fuego fuerte 15'. Poner en moldes individuales, decorar con las nueces picadas, dejar enfriar y servir.

Kadaif - Knefe - Telahais
-En Rosetas-

Ingredientes

600 g de masa de Kadaif
250 g de manteca clarificada
200 g de nueces picadas
1 cda. de azúcar
1 cdita. de canela molida
1/4 cdita. de clavo de olor molido

Almíbar

3 tazas de azúcar
1 taza de agua
1 rodajita de limón
2 clavos de olor
1 ramita de canela

Procedimiento

Separar las hebras del kadaif con la manteca derretida, pero respetando las hebras enteras como para armar la roseta, sin que éste se desarme, conformar un huequito donde se rellenará con las nueces o almendras picadas no muy finas. Se lleva a horno de temperatura elevada primero y luego se disminuye completando su cocción, hasta que se obtenga un lindo color dorado.

Una vez hecho, se retira y se le incorpora el almíbar frío. Se sirve acompañando un rico café armenio.

Paquetitos de hojaldre rellenos con manzana

-Khnzori berek-

Ingredientes
Relleno
75 g de nueces picadas
1 cucharadita de canela.
8 manzanas cortadas en rodajas muy finitas
180 g de azúcar

Procedimiento

Mezclar en un bol todos los ingredientes, luego hacer la masa de los berek; armar los paquetitos de la manera deseada y cocinarlos como se indica para los berek salados.

Bocaditos de nueces

-Enguyzov gndik-

Ingredientes
Masa
300 g de harina
100 g de manteca derretida
100 g de yogur
1/2 xdita. de levadura en polvo
1 yema de huevo
1 cda. de azúcar

Relleno
75 g de azúcar
3 g de vainilla
125 g de nueces picadas
50 g de azúcar impalpable para decorar

Procedimiento

Batir y mezclar la yema de huevo con el yogur y reservar la clara. Unir la manteca derretida, la harina junto con la levadura y mezclar.

Cubrir la masa con un repasador y dejarla reposar por media hora en lugar frío.

Extender la masa y cortarla en discos de 6 cm. de diámetro. Colocar en el centro de cada disco una cucharadita del relleno que se obtuvo mezclando los ingredientes. Cerrar el disco dándole la forma de una bolita.

Disponerlas sobre una placa de horno enmantecada.

Pincelar con la clara de huevo y cocinar en horno precalentado a 150 grados por 35 minutos. Servir los dulcecitos espolvoreados con azúcar impalpable.

Halva de pascua

-Marelotz halvá-

Ingredientes

150 g de manteca
60 g de harina
150 g de sémola gruesa
120 g de azúcar
110 c.c. de leche fría o de agua
azúcar impalpable
2 cucharadas de agua de rosa

Procedimiento

Derretir la manteca, juntar las dos calidades de harina y siempre mezclando con una cuchara de madera, hacerlas tostar a fuego muy bajo (esta operación puede durar 15-20 minutos).

Retirar del fuego y seguir mezclando e incorporar la leche y el agua de rosas y cocinar por algunos minutos, hasta que la harina haya absorbido completamente el líquido.

Para dar forma al dulce, usar una cuchara de té o de postre, llenarla de halva, presionarlo ligeramente con la palma de la mano o contra la pared de la cacerola y hacer deslizar el dulce que tendrá la forma de la cuchara, sobre un plato de servicio.

El halva de harina se come tibio o frío, según el gusto, espolvoreado de azúcar impalpable.

Budín de cerezas y chocolate

Ingredientes

150 g de azúcar
150 g de harina
2 huevos
30 g de almendras
30 g de manteca
12 cerezas confitadas
60 g de pasas de uva sin semilla
4 barritas de chocolate
1 cdita. de canela
1 pizca de clavo de olor en polvo

Procedimiento

Batir bien los huevos en un recipiente, agregar el azúcar, las pasas de uva, las almendras, la manteca, las cerezas y el chocolate picado; perfumar con esencia de vainilla, canela y clavo de olor y por último incorporar la harina. Colocar en budinera alargada, enmantecada y enharinada, horneando por espacio de 40 minutos, a temperatura moderada.

Puede servirse pincelado con dulce de uvas y adornado con cerezas y nueces o almendras, o simplemente espolvoreado con azúcar impalpable.

Turrón oriental de frutas secas

Ingredientes

200 g de nueces picadas
200 g compuestos por pasas rubias y negras, sin semilla
100 g de azúca
2 huevos
1 cdita. de canela
130 g de harina común
1 cdita. de esencia de vainilla
El jugo de 1/2 limón

Procedimiento

Unir todos los ingredientes y colocar en una budinera alargada, enmantecada y azucarada.

Colocar en horno moderado por espacio de 25'; retirar y rociar con el jugo de limón e introducir nuevamente en el horno por 5' más. Retirar y desmoldar inmediatamente.

Una vez frío, se corta en finas láminas.

Masitas almibaradas de naranja

-Finiquia o melomakaruna-

Ingredientes

220 c.c. de aceite neutro
80 g de azúcar
120 c.c. de jugo de naranja
1/2 cdita. de bicarbonato
1 copita de coñac
Harina, cantidad necesaria
Ralladura de 1 naranja

Procedimiento

Mezclar muy bien el aceite con el azúcar; luego incorporar el jugo y ralladura de naranja; el coñac y la harina mezclada con el bicarbonato. Ir tomando porciones para lograr unas masitas de regular tamaño, más bien alargadas y cocinar a temperatura moderada. Aparte realizar un almíbar mediano, dejar enfriar y cuando retiramos del horno, volcarlo sobre ellas en frío. Espolvorear con nueces picadas, canela y clavo de olor.

Helva de sémola

Ingredientes
500 g de sémola fina
250 g de azúcar
50 g de manteca
500 c.c. de leche
50 g de piñones
Canela

Procedimiento
Colocar a hervir la manteca con el azúcar, luego agregar la leche. Resevar. Aparte,, dorar la sémola con los piñones e ir incorporándole la preparación anterior de a poco, revolviendo continuamente hasta que espese. Apagar y dejar descansar 10', después batir enérgicamente (esta operación repetirla varias veces, con intervalos de 10' pues cuanto más se bata más se abrirá la sémola). Por último servir en una fuente espolvoreada con canela y piñones tostados.

Pastel de Singapur

Ingredientes
Masa
200 g de manteca
2 cdas. de azúcar
1/2 cdita. de canela en polvo
1 cdita. de esencia de vainilla
2 cdas. de Ron
Jugo de 1 limón
300 g de harina
1 huevo batido

Relleno
4 bananas cortadas en rodajas finas
3 cdas. de coco rallado
3 cdas. de azúcar impalpable

Procedimiento
Masa

Ablandar la manteca, añadir el azúcar, la canela, la vainilla y el ron. Incorporar la harina de a poco y unir hasta formar una masa homogénea, colocar el jugo de limón para finalizar con la masa. Estirarla y con ella forrar un molde, reservando una porción para cerrar el pastel.

Relleno

Cubrir el fondo del molde forrado con las bananas cortadas en rodajas, espolvorear con el coco rallado y el azúcar impalpable cubrir con la tapa de masa, humedeciendo previamente los bordes, pintar toda la superficie con huevo batido, espolvorear con abundante coco rallado y azúcar impalpable y hornear a temperatura moderada por espacio de 35', aproximadamente.

Delicia "Shacar"

Ingredientes

3 yemas
3 claras
1/2 taza de azúcar y 3 cucharadas más
3 cucharadas de harina
1 cdita. de polvo de hornear
1/2 pocillo de aceite
1 cda. de agua
1/2 tableta de chocolate
100 g de coco

Procedimiento
Primer paso

Batir las yemas con las cdas. de azúcar. Por otra parte tamizar la harina con el polvo para hornear y añadirla a la preparación anterior. Agregar el aceite y el agua. Colocar la preparación en un molde alargado de 40 cm de largo por 5 cm de alto y de ancho aproximadamente, previamente enmantecado.

Segundo paso

Rallar el chocolate y espolvorear con él la preparación anterior.

216

Tercer paso:

Batir las claras a punto de nieve bien firme y añadirles de a poco el resto del azúcar (1/2 taza), se retira de la batidora y en acción envolvente se le va incorporando de a poco el coco rallado. Colocar sobre la capa de chocolate.

Cocinar en horno moderado de 25 a 30 minutos aproximadamente.

BOLLERÍA

La bollería son masas dulces hechas de harina y levadura, en unión con otros elementos secos, líquidos y grasas que les proporcionan cuerpo, textura y sabor, generalmente todos se elaboran de forma similar.

Trencitas con sésamo

Ingredientes
Fermento
30 g de levadura de cerveza
1 cucharadita de azúcar
100 c.c. de leche tibia

Masa
1/2 kilo de harina
2 cucharadas de azúcar
200 g de manteca
1/2 cucharadita de sal
2 huevos
1 cucharadita de mahleb o ralladura de la cáscara de limón

Varios
1 yema batida con 2 cucharadas de leche para pincelar

Procedimiento
Fermento
Desmenuzar la levadura, agregar 1 cucharadita de azúcar, el mahleb, la leche tibia, revolver y dejar en un lugar tibio para fermentar.

Masa

Colocar en corona la harina tamizada con la sal, en el centro la manteca, los huevos, el azúcar y la mezcla ya fermentada de la levadura, amasar uniendo bien todos los ingredientes hasta obtener una masa suave y homogénea, dejar reposar en un lugar templado, cubriéndolo hasta que leve el doble de su tamaño. Tomar pequeñas porciones hacer trencitas del tamaño que se desee, poner en placas, dejar reposar 10 minutos, pincelar con la yema batida, dejar reposar nuevamente 10 minutos y cocinar a horno de temperatura moderada, hasta que se doren.

Masitas con sésamo tostado

-Barazek - Arabe-

Ingredientes

500 g de harina leudante
150 g de azúcar
130 g de manteca
1 huevo
50 c.c. de leche
1/2 cdita. de Mahleb
1/4 cdita. de agua de azahar
1 clara de huevo

Procedimiento

Colocar en un bol la harina, el azúcar y el huevo batido. Fundir la manteca y adicionar a la preparación anterior junto con el Mahleb y el agua de azahar, amasar con leche tibia hasta obtener una masa ni dura ni blanda. Estirar con un poco de harina. Cortar con un molde de 5 cm. de diámetro, pintar con clara de huevo y espolvorear con el sésamo tostado. Hornear en placa enmantecada a horno moderado por espacio de 25 minutos.

Crema sólida

-Kaymak-

El kaymak es usado en reemplazo de la crema batida para acompañar algunos dulces; es también muy rico servido con miel, mermelada o azúcar.

Es sustancialmente una crema sólida que puede ser cortada con el cuchillo.

Tradicionalmente se usa leche de cabra, pero puede también ser hecho con leche vacuna.

Ingredientes

1 lt. de leche entera
1/2 lt. de crema líquida fresca
12 cucharaditas de harina disuelta en un poco de leche

Procedimiento

Llevar la leche al fuego en una cacerola, antes que hierva, incorporar la harina disuelta en un poco de leche; poco a poco agregar también la crema y dejar cocinar a fuego suave durante 2 horas, mezclando de cuando en cuando.

Colocar sobre el fuego una cacerola poco profunda y lo más amplia posible (para aumentar la superficie de la crema) y trasladar el contenido de la cacerola anterior manteniéndola a una distancia alta (a la altura de los hombros más o menos) para que la crema de leche al caer provoque burbujas grandes, dejar hervir todavía por media hora pero sin mezclar.

Retirar del fuego y después que la crema se haya enfriado, guardar el recipiente en la heladera y dejarla por lo menos 12 horas. En este punto en la superficie se habrá formado el kaymak, un tipo de hoja de crema doble.

Levantarlo delicadamente con una espátula, ponerlo en un plato y cortarlo en cuadrados.

Si se quiere se puede utilizar el líquido que quedó como leche para cocinar.

Dulce de dátiles

-Halawat Tamer-

Ingredientes

250 g de dátiles
250 g de nueces
1 huevo
16 galletitas de miel
60 g de coco rallado
50 g de manteca

Procedimiento

Descarozar los dátiles y colocar con la manteca en un recipiente que pueda llevar a fuego lento, revolver hasta reducir a dulce. Retirar. Incorporar las nueces y las galletitas picadas, el huevo y la canela. mezclar muy bien hasta obtener una masa. Por otro lado dispersar el coco sobre la mesa, aplanar la preparación sobre él y arrollar, envolver en un papel manteca, llevar al frío por 3 horas, retirar, cortar en pequeñas porciones y presentar en pirotines.

Higos y nueces confitados

Ingredientes

500 g de higos secos
1 taza de nueces picadas
1/2 taza de azúcar
1/4 cdita. de jengibre en polvo
1 cdita. de semilla de anís
1/4 taza semilla sésamo
1 cdita. jugo limón
Canela en polvo

Procedimiento

Lavar los higos, picarlos y remojarlos en agua que los cubra, durante 1 hora, cocerlos hasta que se tiernicen, incorporar el azúcar, las especias y revolver muy bien; cuando espese, añadir las nueces y las semillas de sésamo. Enfriar y guardar en frasco esterilizado.

Bombones de dátiles

Ingredientes

400 g de dátiles
200 g de almendras tostadas
300 g de chocolate cobertura
Pirotines

Procedimiento

Se procede a descarozar los dátiles, se pelan y tuestan las almendras, se rellenan con las fruta secas y se bañan con el chocolate cobertura que después de orear se colocan en pirotines, sirviéndolos a la hora del café.

Bombones de damasco y almendras

Ingredientes

250 g de orejones de damasco
300 g de azúcar molida
50 g de almendras tostadas y ralladas
1 cda. de coñac

Varios

200 g de azúcar
50 g de almendras peladas

Procedimiento

Cocinar los damascos al vapor, dejar enfriar y pasar por procesadora, formar una crema, mezclar con el azúcar y las almendras ralladas y tostadas. Tomar porciones, formar bolitas del tamaño de una nuez, pasar por azúcar molida, colocar en pirotines y decorar con media almendra tostada.

Dulce de damascos secos

-Sefaradí-

Ingredientes

500 g de orejones de damasco
750 g de azúcar
750 c.c. de agua

Procedimiento

Elegir damascos grandes y de color claro, lavar muy bien, colocar en un bol y verter sobre ellos el agua hirviendo, dejar durante 1 hora. Luego colar los damascos y reservar. Agregar al agua escurrida el azúcar y llevar al fuego hasta que tome punto de almíbar espeso, en ese instante, incorporar los damascos y después del primer hervor, bajar la temperatura de la llama a mínimo y dejar que se cocine por espacio de 1 hora. Debe quedar bien almibarado. Al día siguiente, se arman los dulces, colocando una nuez entre medio de dos damascos, se van disponiendo en pirotines y resultan aún más sabrosos y decorativos si los adornamos con nueces mariposas.

Confitura de higos

-Tsi murapa-

Ingredientes

1 kg de higos verdes, salvajes poco maduros
700 g de azúcar
350 c.c. de agua
Jugo de medio limón
5 clavos de olor ó 5 ramitas de canela desmenuzada

Procedimiento

Para esta preparación son aptos los higos salvajes, porque tienen la cáscara y la pulpa más dura y por eso durante la coción se mantienen más intactos.

Pelarlos parcialmente para dejar que el jarabe pueda penetrar en el interior de la fruta cuidando que la cáscara blanca de adentro quede intacta, por eso cortar nada más que 3 ó 4 tiras finas de cáscara de cada higo.

Colocar los higos en una cacerola alta y cubrirlos con agua hirviendo, dejarlos cocinar por 15 minutos, escurrirlos y enjuagar con agua muy caliente. Repetir esta operación dos veces más, después volver a colocarlos en la cacerola, cubrirlos con agua hirviendo y dejarlos cocinar a fuego suave hasta que estén tiernos y ligeramente hinchados. Con una espumadera sacarlos del agua, extenderlos sobre un repasador y dejarlos secar.

Mientras tanto preparar el almíbar.

En una cacerola de cobre con fondo grueso unir el agua y el azúcar y hervirlos; adicionar el jugo de limón y siempre mezclando hervir por unos 10 minutos; en este punto sumergir en el jarabe los higos, dejarlos hervir por 10 minutos, apagar el fuego, cubrir la cacerola y dejar reposar por 15-20 horas. Después de este tiempo volver a poner sobre el fuego la cacerola y a fuego muy suave, después de haber sacado la tapa, volver a llevar el jarabe (o almíbar) a ebullición controlando cada rato la densidad.

El almíbar estará a punto cuando, después de haber sumergido una cuchara y sacarla, quedará en el dorso una gruesa película.

En ese instante quitar la cacerola del fuego y retirar la especie aromatizante. Disponer aún caliente en los frascos, cubrirlos con el almíbar. Cerrar y dejar los envases dado vuelta por 10 minutos, después volverlos a la posición normal.

Esta operación garantiza un cerramiento hermético. Esta confitura se sirve con el té de la tarde en platitos individuales.

Zapallo en almíbar

Tutumí Anush -Armenio-

Ingredientes

1 kg de zapallo amarillo
100 g de cal viva
3 1/2 litros de agua
1 1/2 kg de azúcar
5 cdas. de jugo de limón
10 clavos de olor
2 ramas de canela

Procedimiento

Una vez limpio, cortar el zapallo en cubos de 3 cm; en uno de los lados hacer un hueco para rellenar. Colocar la cal en una bolsita de lienzo, sumergir en un recipiente con dos litros de agua durante 40 minutos, luego agregar los trozos de zapallo y dejar en esta solución por espacio de 12 horas. Una vez cumplido dicho lapso, lavar bien los zapallos en varias aguas. Por otro lado hacer un almíbar con 1 1/2 litro de agua, azúcar, limón, canela y clavos de olor, incorporar los trozos de zapallos y cocinar a fuego vivo por espacio de 25 minutos. Espumar y continuar la cocción a fuego moderado, hasta obtener un almíbar a punto de hilo flojo y lograr que el zapallo se torne dorado y transparente.

Retirar y dejar enfriar. Envasar en botellones de vidrio con el almíbar. Servir con el huequito del zapallo releno con nueces para acompañar al café armenio, y si desearamos servirlo como postre, proceder de la misma manera pero con un copo de crema.

Dulce de Rosas

Ingredientes

16 rosas (sus pétalos)

Almíbar

1 kg de azúcar
1 limón (el jugo)

Procedimiento

Tomar los pétalos de las rosas rojas muy perfumadas (las que son muy tupidas) logrando unos 100 g aproximadamente. Cortarles la parte blanca que sale del centro, lavarlas con agua fría, frotándolas.

Colocar los pétalos en un recipiente, cubrirlos con agua y hervir lentamente hasta que quede solamente el líquido necesario para cocinar el azúcar y formar el almíbar. Incorporar entonces el azúcar refinada, el jugo de limón. Hervir, espumar y cocinar sobre calor suave hasta que el dulce tome punto. Retirar y envasar.

Higos de smirna rellenos con nueces

Ingredientes

1/2 kg de hijos de Smirna
150 g de nueces o avellanas
150 c.c. de vino tinto
150 c.c. de vino Marsala
100 c.c. de anís
150 c.c. de miel
200 c.c. de jugo de naranja

Optativo

200 c.c. de crema de leche

Procedimiento

Cortar y rellenar los higos con nueces o avellanas. Ubicarlos en un recipiente, verter sobre él, el vino tinto, Marsala, miel, anís y el jugo de naranja. Cocinar hasta que los higos estén tiernos. Servir con su salsa y en salsera aparte, la crema batida.

Bombones de turrón

Ingredientes

200 g de turrón (mantecol)
1 copita de coñac
100 g de chocolate para taza (diluido y frío)
50 g de coco rallado
100 g de azúcar impalpable

Procedimiento

Desmenuzar el turrón con un tenedor, rociarlo con el coñac y agregarle el chocolate. Mezclar e incorporar el coco rallado y la mitad del azúcar impalpable. Trabajar rápidamente la pasta e incorporar el azúcar restante. Volver a trabajar la pasta, tomar porciones pequeñas y darles forma ovalada de unos 3 cm de largo. Si se desea se puede estirar la pasta con palote hasta 1 cm de espesor y cortar con cortapastas para bombones, de la forma que se desee. Presentar en pirotines.

Son ideales para acompañar el delicioso café armenio.

Berenjenas en almíbar

Ingredientes

2 1/2 kg de berenjenas chicas
3 kg de azúcar
150 g de cal viva

Procedimiento

Colocar la cal en agua y esperar que se apague. Pelar las berenjenas y ponerlas dentro de la cal 1 hora, después hervir las berenjenas en agua 5 minutos, escurrirlas y colocarlas en agua fría, retirarlas y escurrirlas nuevamente hasta quedar secas.

Preparar el almíbar con 1 litro de agua, el azúcar y 3 cucharadas de jugo de limón. Poner las berenjenas en el almíbar y cocinar a fuego lento 6 horas hasta obtener las berenjenas transparentes.

Mermelada de rosas

-Vartanush-

Ésta es, entre todas las mermeladas, la más deliciosa y perfumada. Naturalmente, es indispensable poder disponer de rosas muy perfumadas. De no ser así, se pueden juntar algunas cucharadas de agua de rosas para uso alimenticio para exaltar la fragancia de la mermelada.

La calidad de rosas más indicada es la aterciopelada, rojas y muy perfumadas. Las rosas deberán ser cortadas en el amanecer, descartando las muy abiertas y aquellas todavía cerradas.

Ingredientes

500 g de pétalos frescos de rosas rojas y con el perfume más intenso posible
Jugo de 2 limones
420 c.c. de agua
500 g de azúcar
3-4 cdas. de agua de rosas

Procedimiento

En una cacerola con el fondo grueso colocar el agua para hervir; juntar los pétalos de rosas, disminuir el fuego y dejar hervir hasta que estén tiernos (de 10' a una hora, según la calidad de las rosas).

Incorporar el azúcar y continuar mezclando hasta que se disuelva. Seguir hirviendo, siempre mezclando, hasta que el almíbar comience a espesar (alrededor de 15 minnutos), adicionar el jugo de limón y el agua de rosas de ser necesario.

Retirar del fuego, espumar y disponer inmediatamente en frascos calientes bien lavados. Cerrar inmediatamente y dejar los envases dados vuelta por 5 minutos, después volver a ponerlos en la posición normal. Esta última operación garantiza un buen cerramiento hermético.

Dulce Oriental

Ingredientes

250 g de miel
200 g de nueces molidas
500 g de zanahorias ralladas
Jugo de 1 limón
Un trocito de chaucha de vainilla
Un trocito de canela en rama
3 clavitos de olor

Procedimiento

Colocar todos estos ingredientes juntos, en un recipiente. Cocinar a fuego moderado y revolver con cuchara de madera, para evitar que se pegue. Cuando la zanahoria se torne transparente, retirar y enfriar. Puede servirse solo o acompañando postres secos. Además es posible envasarlo y mantenerlo en lugar fresco.

Dulce de arroz

Ingredientes

400 g de arroz
1 litro de agua
500 g de azúcar
1 cdita. de canela molida
1/4 de cdita. de clavo de olor molido
1 pizca de pimienta molida
100 g de nueces

Procedimiento

Colocar en un recipiente 2 cucharadas de azúcar, hacer un caramelo e incorporar el agua caliente y el arroz, previamente lavado, cocinar a fuego moderado 10 minutos, en ese instante, adicionar el resto del azúcar, revolviendo siempre y dejar al calor 10 minutos más. Retirar y disponer en pequeños recipientes espolvoreado con canela, clavo de olor y nueves picadas.

Crocantes de sésamo
-Sciushmahl sciacar-

Ingredientes
200 g de azúcar
70 g de sésamo blanco
Algunas gotas de jugo de limón

Procedimiento

Colocar un poco de azúcar en una cacerola con fondo grueso, a fuego bajo y preferentemente sobre un "difusor de calor". Agregar algunas gotas de limón para evitar que se azucare.

Mezclar hasta que el azúcar se haya disuelto, incorporar el resto y mezclar hasta que el caramelo esté líquido y color miel.

En este instante las semillas de sésamo y mezclar bien hasta que estén amalgamados con el caramelo.

Colocar ahora el compuesto sobre una superficie fría y untada con aceite (lo ideal es una plancha de mármol) procurando extenderlo uniformemente en una capa de 1/2 cm de espesor. Pasar luego la espátula bajo el crocante para asegurarse que se separe bien de la base antes que el crocante se enfríe (no debe estar caliente), con un cuchillo grande hacer cortes paralelos de 2 cm, para obtener cuadraditos.

Se puede también dejar enfriar completamente el crocante y romperlo en pedacitos dándole pequeños golpes con el dorso de una cuchara.

Para conservarlo, guardar el crocante en una lata con cerramiento hermético, separando con papel manteca.

Crema de caquis

-Bedughi anush-

Ingredientes

12 caquis grandes y bien maduros
4 cdas. de azúcar
4 cdas. de vodka
Jugo de 3 limones

Procedimiento

Pelar los caquis; reducir a crema la pulpa con un tenedor. Unir el jugo de limón, el azúcar y el vodka. Dejar en heladera por lo menos una hora y servir en compoteras individuales.

Dulcecitos de nueces

-Enguyzov manr bacsimad-

Ingredientes

2 puñados de pan rallado fresco
250 g de nueces picadas
200 g de azúcar impalpable
2 huevos (primero las yemas, dspués las claras batidas a nieve)
1 cdita. de polvo para hornear
Cáscara rallada de 1 limón

Procedimiento

En un bol poner el pan rallado, las nueces, el azúcar impalpable y la levadura: mezclar bien con una cuchara de madera, luego adicionar las yemas y por último las claras batidas bien firmes. Unir todo con delicadeza.

Con la manga hacer pequeños copetes sobre una placa de horno enmantecada. Cocinar en horno a 160 grados alrededor de 20 minutos.

Café armenio
-Surtch-

Ingredientes

6 cucharaditas (de té) colmadas, de café molido muy fino (impalpable)
240 c.c. de agua fría
12 cditas. (de té) de azúcar

Procedimiento

Colocar el agua fría en el recipiente, adicionar el azúcar y llevar a fuego mediano, mezclando, hasta que el azúcar se disuelva. Retirar del fuego y agregar el café, mezclar bien, volver nuevamente al calor y cuando en la superficie se forme una densa espuma, colocar un poco de la misma en cada pocillo, dejar que hierva dos veces, descansar unos segundos y servir de inmediato.

Infusión de canela
-Tarcinov tey-

Ingredientes

350 c.c. de agua
1 rama de 8 cm de canela
Azúcar a gusto para servir

Procedimiento

Colocar el agua y la rama de canela en una tetera. Llevar a ebullición, luego dejar que hierva suavemente por 5 minutos. Sacar las ramas de canela y servir en tacitas ofreciendo el azúcar aparte.

Té con especias
-Hamemov tey-

Ingredientes
2 cucharaditas de té en hebras
420 c.c. de agua
3 clavos de olor
1 cm de canela en rama
3 granos de pimienta de Jamaica
1 cucharadita de jugo de limón
Azúcar

Procedimiento
Hervir el agua 5 minutos con las especias, luego filtrar, agregar el jugo de limón y llevarla otra vez a hervir.

Colar el té en una tetera. Servir caliente en tazas con el azúcar aparte.

Bebida al yogur
-Tan-

Ingredientes
1 lt. de yogur
1 1/4 lt. de agua fría natural o mineral con gas (si el yogur es muy líquido disminuir la cantidad de agua).
Hielo picado, a gusto.

Procedimiento
Colocar el yogur en un bol y batirlo hasta que esté muy cremoso; diluirlo con el agua de a poco batiendo continuamente. Colocar el Tan en una jarra con hielo picado. Esta bebida que calma mucho la sed y es muy saludable acompaña cualquier comida armenia.

Licor de Mandarina

Ingredientes

6 mandarinas medianas
500 g de azúcar
7 clavos de olor
1 rama de canela
500 c.c. de alcohol para beber (se adquiere en la farmacia)

Procedimiento

Lavar y secar las mandarinas, pinchar profundamente cada una de ellas varias veces, con un brochette, colocar en un frasco de boca ancha, incorporar el azúcar, los clavos, la canela, el alcohol, tapar bien. Dejar macerar durante 25 días, en un lugar fresco. Luego colar el licor y guardar en botellones adecuados.

GLOSARIO

AGUA DE ROSAS

Esencia diluida, extraida de los pétalos de rosa, por medio de la destilación a vapor; se encuentra a la venta en soluciones más o menos concentradas en los negocios especializados en alimentación medio-oriental. Es usada para perfumar dulces y jarabes.

AJO

Conocido y usado desde tiempos remotos por las propiedades medicinales que se le atribuían. Originario del Asia Central, es un elemento esencial en la cocina armenia. Su perfume se realza mejor si se lo hace dorar. Su consumo puede dejar un aliento poco agradable; este inconveniente se puede resolver masticando un clavo de olor o bebiendo leche.

Precisamos que entre las diversas variedades del ajo: blanca, rosada y roja llamados así por el color de la túnica de los dientes, la más digerible es la roja.

ARROZ PARABOLIZADO
(Hervido parcialmente)

Particularmente apto para la preparación del Pilaf porque es un arroz que sufrió un proceso de elaboración mediante el cual se elimina el molesto estrato viscoso que generalmente se forma alrededor del grano y que es la causa por la cual el arroz se pega. Ese proceso no le quita ni sabor ni sustancia.

AJEDREA BLANCA
O DE JARDÍN

Hierba aromática, con las hojas con forma de lanza que emanan un intenso perfume.

ASCALONIA
(Echalote)

Similar en el aspecto a pequeñas cebollas, tiene un sabor particularmente fuerte y es la planta más aromática entre la familia de las cebollas.

BAMIA
(conocido con el término inglés OKRA)

Conocido también como "dedo de mujer". Es un fruto de origen africano, su pulpa es algo micilaginosa. Se lo puede encontrar en cajas o desecado en los negocios de alimentación medio-orientales y en negocios especializados. Si el okra es comido entero, las vainas deben ser despuntadas con cuidado de manera que el líquido interno no se desprenda y que no se aplasten durante la cocción. En todo caso el okra es consumido joven, cuando la vaina tiene como máximo 5 cm de largo, antes que se desarrolle en el exterior una barba muy dura e hirsuta.

Para conservarlo, en Oriente se deseca cuando todavía es muy joven, enhebrándolo con aguja e hilo y haciendo una especie de collares que son colgados en lugares secos y bien ventilados.

BEREK

Paquetitos de masa de hojaldre, preparados con varios rellenos, tanto dulces como salados. Pueden ser confeccionados en varias formas y medidas: pequeños para entremeses y más voluminosos para ser servidos como plato principal.

CANELA

Su nombre deriva de caña, por la forma de bastoncito con la cual la corteza de este pequeño árbol es puesta en el comercio. Se la puede adquirir también en polvo: en este caso puede perder en parte su aroma, si se la conserva mucho tiempo. En la cocina armenia es muy utilizada para aromatizar tanto comidas dulces como saladas.

CARDAMOMO

Planta típica de la India, su fruto en cápsulas contiene diversas semillas grises con las cuales se hacen infusiones y aceites esenciales. El perfume de las semillas es mejor si se las muele al momento de servir.

CECIL

Típico queso armenio, comparable por su sabor y textura a la muzzarella. La pasta es trabajada formando tiras que se recogen en ovillos.

CLAVO DE OLOR

Brote desecado de la flor de una planta siempre verde originaria del Asia tropical. Usado para comidas dulces y saladas. Se le atribuye la propiedad de endulzar el aliento cuando se comió ajo.

CEBOLLA ROJA

Es la calidad más comúnmente usada en la cocina armenia.

CILANTRO

Planta herbácea de la familia del perejil, con flores blancas y frutos con sabor aromático. Sus semillas desecadas con usadas en cocina, enteras o molidas así como las hojas verdes. Su aroma punzante puede ser comparado al de la cáscara de naranja desecada.

COMINO

Planta herbácea originaria del Turkestan, pero cultivada en el Mediterráneo y utilizada desde la antigüedad. Sus blancas flores en forma de paraguas dan lugar a pequeños "acheni" aromáticos, usados también en la cocina alemana para la preparación del Kummel. En la cocina armenia es usado para aromatizar el pan, platos de carne, salmueras y conservas.

COMINO NEGRO

Comúnmente conocido como "nigelia", por el color de sus semillas (del latín "niger" = negro): son pequeñísimas semillas con el agradable perfume de hinojo y de almendras amargas; (no tiene ninguna relación con el comino). Es usado para aromatizar panes y para perfumar algunos tipos de quesos. Se lo encuenra en los negocios especializados en productos orientales.

CÚRCUMA

El nombre cúrcuma deriva del árabe "kurkum", azafrán. Es una hierba aromática con flores en espiga vivamente coloridas, originaria del Asia tropical.

CHAIMAN FENO-GRECO

Planta originaria del Asia occidental, fue introducida en Europa desde tiempos remotos, es cultivada en el sudeste europeo. Las flores, como también el resto de la planta, tienen un olor persistente. Sus semillas molidas son partes constituyente del curry y uno de los principales ingredientes para la preparación del "basterma".

DUKKA o ZAHTAR

Es una mezcla de semilla de sésamo y de hierbas molidas tales como el orégano, sumak y otras. Se usa como condimento árabe. Muchas personas saborean el Zahtar, untándolo con pan árabe y aceite de oliva.

ENELDO

(Aneto)

Entre los armenios comúnmente llamado "dill"; es una planta anual de la familia del perejil; nativo de las regiones mediterráneas. En los tiempos antiguos era muy usado como hierba medicinal. Sus hojas tienen un color azul-gris y dan un ligero sabor de anís a los platos de carne, verdura, arroz y a las conservas. A veces se utilizan también las semillas. Puede ser sustituido por el hinojo selvático.

ESPECIAS MIXTAS

Mezcla de especias y hierbas aromáticas. La fórmula tradicional se compone de los siguientes ingredientes: nuez moscada, canela, macis (envoltorio molido de la nuez moscada), pimienta de Cayena, clavo de olor, laurel molido y tomillo.

ESTRAGÓN

Hierba perenne, llamada también serpentaria, con hojas aromáticas más bien picantes, usadas para condimentos; tiene un ligero olor de anís, de sabor aromático, es lo que puede encontrar también desecado o en vinagre.

FETA

Queso blanco de origen griego, hecho con leche de cabra o de oveja. Este queso es producido también en otros países y su sabor varía según la calidad de la leche utilizada. Para conservarlo mucho tiempo es necesario mantenerlo en salmuera. Se lo utiliza en la preparación de varios rellenos de queso y como elemento integrante de algunos entremeses.

FILO

Hojas de masa finísimas, como papel de seda, que se utilizan para la preparación de los "berek" y de algunos dulces, sobretodo el "paklava".

Esta masa se puede encontrar ya confeccionada en negocios especializados en alimentación de Medio-Oriente. Después de comprada se puede conservar en freezer por más de un año. El efecto de la masa hojaldrada es dado por la superposición de varias hojas que permanecen separadas durante la cocción gracias al pincelamiento, entre una hoja y otra, de una finísima capa de manteca, mientras que la masa de hojaldre que se encuentra comúnmente en los comercios es una masa rica en manteca que se hojaldra durante la cocción gracias a su particular técnica de preparación.

GARBANZO

Hierba anual que probablemente deriva de alguna especie del Oriente donde existen varias espontáneas del género cicer (en armenio: siser). Es cultivado desde la más remota antigüedad. Sus frutos se consumen maduros y desecados, en sopas, en guisos, en ensaladas o reducidos a crema.

GRANADO
(Melograno)

Fruto conocido desde la antigüedad, originario del Sud-Este asiático. Estos frutos son cosechados cuando todavía no están maduros y pueden ser conservados por algunos meses en lugares frescos y secos. Los granos de este fruto son usados en la cocina armenia para adornar pilaf, carnes, pescados y dulces y pueden, para este fin, ser conservados en freezer.

HINOJO SALVAJE

Es una hierba usada a menudo para substituir el "dill", tiene un perfume ligeramente más delicado.

HALUMY

Queso salado de oveja, aromatizado con menta seca o comino negro.

KADAIF FILO

Finísimos fideítos de masa que se compran frescos o congelados en negocios especializados. Una pasta de agua y harina es puesta en un aparatito que hace que la mezcla cuele en círculos cada vez más amplios sobre una plancha rodante calentísima de la cual un obrero recoge con la mano "madejas" en el momento justo para que no se cocine demasiado, evitando así que se rompa.

KASSERI

Queso blanco de cabra o de oveja.

KAYMAK

Es un tipo de crema sólida muy usada para acompañar algunos dulces; puede ser sustituida por crema batida.

KEBAB

Cocinado a la parrilla.

KEFTE

Albondiguitas de carne picada. Puede ser también utilizado un compuesto mixto de carnes de cerdo (preferentemente el lomo), de ternera y de novillo. Son usadas en Armenia como base de comidas diarias.

MAHLEB

Especia originaria de Cilicia, muy usada en Medio-oriente, es un polvo con una esencia muy fuerte y aromática; se la extrae de los huesos de las cerezas negras molidas. Sirve para dar sabor a panes, dulces y postres. Generalmente es vendido en semillas enteras, color avellana, mas chicas que las semillas de cilantro que son pisados en un pequeño mortero en el momento de utilizarlos. Puede eventualmente ser sustituido por algunas gotas de esencia de almendras.

MENTA

Ésta es, entre la infinidad de especias de menta, la preferida y la más utilizada. Es usada tanto fresca como seca para perfumar platos de carne o verduras y para un toque final a sopas.

NIGELLA

(Ver Comino negro.)

NUEZ MOSCADA

El hueso interno de los frutos de un árbol tropical de la India Occidental y del Sud-Este asiático. Tiene olor aromático fuerte, sabor caliente y picante.

PAPRIKA

Producido en polvo que se obtiene al moler el pimiento de calidad picante. Tiene color rojo vivo, ligeramente picante o fuertemente agrio, según la calidad.

PLAKI

Cocido con verduras variadas y aceite de oliva.

PIMIENTA

Fruto de arbustos originario de la India. Es cultivado en Asia tropical y en la América ecuatorial. Se distinguen particularmente dos tipos: la negra y la blanca. La negra tiene una superficie verde ennegrecida y rayada. La blanca (que es la pimienta negra sin la envoltura) es menos aromática. Molida, pierde rápidamente gran parte de su aroma, por eso es preferible molerla en el momento de usar.

Es un condimento excitante y estimulante.

PIMIENTA DE JAMAICA

(o pimienta con aroma a clavo de olor).

Sinónimo de pimiento, usada entera o molida, de una planta originaria de América Central. Su perfume recuerda el del clavo de olor, la canela y la nuez moscada.

PIMIENTA DE CAYENA

Granos de pimienta no desecados, puestos frescos en salmuera.

PASA DE UVA DE CORINTO

Una variedad de pasa de uva, de color marrón oscuro, tendiendo al negro y semillas muy pequeñas. Se diferencia de la común pasa de uva Sultanina porque es más marchita y ligeramente menos dulce. En la cocina Armenia es empleada en numerosas preparaciones. Se encuentra en negocios especializados.

SÉSAMO

Planta originaria del Asia tropical. Produce semillas muy oleosas de calidad blanca, rojiza o negra, usadas para aromatizar panes, ensaladas y dulces.

SUMAK

Vendido en polvo o en hojas, deriva de las vainas rojas y de las hojas de un arbusto que es originario de las áreas montañosas de Medio-Oriente (Rhus coriaria). Es agradable por su sabor un poco áspero y puede ser sustituido con granos de sal y jugo de limón. En la cocina armenia es usado para aromatizar yogur y guisos. Se encuentra en los negocios especializados.

TAHIN
(Pasta de Sésamo)

Crema aceitosa producida de las semillas tostadas de sésamo. Puede ser conservada durante mucho tiempo; antes de usarla es necesario emulsionarla, en el momento que el aceite tiende a separarse. Encontrada en los negocios especializados en alimentación medio-oriental y macrobiótica. Es muy parecida a la manteca de maní.

ÍNDICE

248

DULCES Y LICORES 173

Nombre: ....

Apellido: ....

Fecha de nacimiento: ....

Dirección: ....

C.P.: ....Tel.: ....

Localidad: ....Provincia: ....

País: ....

1. ¿Es este el primer libro que adquiere de Editorial Albatros? ¿Qué otros posee?
   ....

2. ¿Cómo llegó a él:
   ☐ librería   ☐ publicidad   ☐ ferias
   ☐ recomendación   ☐ comentarios en   ☐ supermercados
                          diarios o revistas

3. ¿Lee algún diario o revista regularmente? ¿Cuál?
   ....

4. ¿En qué temas está especialmente interesado?
   ☐ gastronomía   ☐ animales
   ☐ jardinería   ☐ libros infantiles
   ☐ homeopatía   ☐ medicinas alternativas
   ☐ libros esotéricos ☐ deportes
   ☐ otros..

5. Sugerencias: ....
   ....

Enviando este cupón a **Editorial Albatros** —Hipólito Yrigoyen 3920 (1208) Capital Federal— podrá participar del sorteo mensual que **Editorial Albatros** organiza para sus lectores.